U0148322

先生归来兮

陶行知，人生为一大事来

陶行知　吴树琴　等著

中国文史出版社

图书在版编目（CIP）数据

先生归来兮.陶行知，人生为一大事来/陶行知等
著.—北京：中国文史出版社，2019.10
（百年中国记忆.教育家）
ISBN 978-7-5205-1283-1

Ⅰ.①先… Ⅱ.①陶… Ⅲ.①陶行知（1891–1946）
—纪念文集 Ⅳ.①K825.46–53

中国版本图书馆CIP数据核字（2019）第190646号

执行主编：张春霞
责任编辑：牛梦岳

出版发行：中国文史出版社
社　　址：北京市海淀区西八里庄路69号院　　邮编：100142
电　　话：010-81136606　81136602　81136603（发行部）
传　　真：010-81136655
印　　装：廊坊市海涛印刷有限公司
经　　销：全国新华书店
开　　本：710mm×1010mm　1/16
印　　张：18
字　　数：221千字
版　　次：2020年1月北京第1版
印　　次：2022年8月北京第2次印刷
定　　价：59.80元

文史版图书，版权所有，侵权必究。

文史版图书，印装错误可与发行部联系退换。

陶行知（1891—1946）

1917年陶行知（右一）在哥伦比亚大学与胡适（左二）等人合影

南京晓庄实验乡村师范学校礼堂——犁宫

陶行知勉励小学生好好学习

1939年陶行知在重庆合川草街古圣寺创办育才学校，图为部分育才师生在古圣寺大门前合影

捧着一颗心来

不带半根草去

陶行知

陶行知手迹

陶行知夫妇与友人在重庆北碚北温泉合影（左四为陶行知，左三为吴树琴）

目 录

第一辑 _____ **成才之路：从穷孩子到洋教授**　001

追求真理做真人　002

我所知道的陶行知先生　025

再记我所知道的陶行知先生　038

第二辑 _____ **革故鼎新：平民教育与晓庄岁月**　049

新教育　050

生利主义之职业教育　060

半周岁的燕子矶国民学校　069

在南京燕子矶小学　074

晓庄师范学校忆往　080

先生二三事　087

晓庄师范与联村自卫团　　　　　　　　　096

"锄头歌"的产生　　　　　　　　　　　103

第三辑——晓庄之后：普及教育与国难教育　　111

普及教育运动小史　　　　　　　　　　112

普及什么教育　　　　　　　　　　　　114

从教育上谋国难的出路　　　　　　　　116

回忆陶行知先生　　　　　　　　　　　120

我所知道的陶行知先生　　　　　　　　127

陶行知生活教育的一个缩影　　　　　　135

陶行知先生哺育下的安庆幼童工学团　　141

陶行知二十六国行　　　　　　　　　　148

陶行知在国外从事抗日救国活动的片断回忆　162

第四辑——烽火书声：战时教育与育才学校　　165

抗战的全面教育　　　　　　　　　　　166

育才学校创办旨趣　　　　　　　　　　171

我与行知在北碚　　　　　　　　　　　175

陶行知先生在北碚　　　　　　　　　　180

陶行知先生和育才学校　　　　　　　　185

育才好比一盏灯　　　　　　　　　　　193

沥尽心血培育人才　　　　　　　　　　199

抗敌儿童画展　　　　　　　　　　　　208

育才的舞蹈活动　　　　　　　　　　　213

于平凡中见伟大　　　　　　　　　　　216

第五辑　　　**民主之魂：民主的教育与民主的国家**　　221

民主教育之普及　　　　　　　　　　　222

怎样可以得到和平·　　　　　　　　　 225

尽瘁民主事业直到最后一息　　　　　　227

爸爸去世前后　　　　　　　　　　　　233

临危不惧，生命不息　　　　　　　　　236

附录一　　　**陶行知教育言论精选**　　　　245

附录二　　　**陶行知先生生平简介**　　　　265

成才之路：
从穷孩子到洋教授

追求真理做真人

陶晓光

1891 年 10 月 18 日（旧历九月十六日）父亲诞生于徽州的一个衰落的农村里——安徽省歙县西乡黄潭源村。家境清寒。祖父是一个粗通文墨的人，祖母种地，做过佣工，持家非常勤俭，连剃头都是她一人包办。她剃过祖父、父亲的头，剃过我们兄弟四人桃红（陶宏）、小桃（晓光）、三桃（陶刚）、蜜桃（陶城）的胎头。1934 年祖母逝世后，父亲感情深重地为遗下的这把最可纪念的剃刀写了一首诗：

这把刀！

曾剃三代头。

细算省下钱，

换得两担油。

父亲幼年，祖父送他上经馆读书，因家贫常打着赤脚，但天资聪敏，勤奋好学，过目背诵，有过人的记忆力。后进了歙县城里基督教内地会办的崇一学堂，由于学习好，提早一年毕业。他 17 岁之春，独自一人离乡乘帆船去杭州学医，后又考进了南京金陵大学文学院。他受辛亥革命时期的民族革命思想感染，在校是个活跃分子，主编《金陵光》学报，组织爱国活动。因为学习成绩特别优良，他得以提早一年修完大学课程，并以第一名毕业。

这时全家已移居南京，他和妈妈汪纯宜结了婚。当时吸收"西洋文明"的思想风行，他持"十扣柴门一扇开"的希望，借得了去美留学的旅费。父亲在美学习，因贫困不得不在课外时间劳役、卖文、卖讲以换取学费和生活费。他先在伊利诺伊大学攻读市政，得政治硕士，后转入哥伦比亚大学研究教育，得教育硕士，奠定了献身教育事业的志愿。在归国的船上，一些留学生交谈回国的抱负，他说他要使全中国人都受到教育，这是1940 年左右一个晚上在重庆北碚谈心时，有朋友问他时说的。

父亲生长在清寒的家庭里而能够进学校受教育是很不容易的。而祖父为了父亲上学校，毅然断绝了自己的嗜好，终于因年高体弱而倒下去。这种牺牲自己成全儿子上进的精神，使父亲感动极深。祖母讲，当时父亲初次离乡去杭州，祖父送他上船，船开后，父亲忍不住背转身，双手蒙住眼睛哭了。后来在留学期间，得知祖父去世的噩耗，热泪涌流，无法排除思家念父的情怀，就发愤努力，埋头学业，课外即到图书馆中看书到深夜才踱回宿舍。

父亲回国即任南京高等师范教务长，后改任东南大学教育系主任。几十年前，留学回国的大学教授，在当时是了不起的人物，我们几个孩子幼小时在家里的确享受了一些为儿童所应有，但只有极少数中国儿童才有的幸福。每逢星期日或什么假期，父亲总是带陶宏和我去爬山玩水。逢年过节，尤其是耶稣圣诞，他总要买一些巧克力糖、玩具和书籍给我们，这是我们最快乐的日子。这个习惯一直继续到他办了晓庄学校为止。我们在他身边时，每逢圣诞节吃了晚饭后，他就出去买礼物，我们躺在床上静等圣诞老人从天而降，有时等得实在不耐烦也就睡着了。睡到半夜一觉醒来时，一点亮光都没有，心想"老头子"今晚大概来过了，赶紧伸手到床头和枕下一摸，可不是！硬的，软的，方的，圆的，心里好生喜欢，可惜看不见，唯有希望天快点亮，就又抱着这些欢喜，慢慢地睡着了。他如果不在身边时，到了圣诞节前，一定有一大包糖果什么的从别处寄来，里面事先都分好了，写了名字，这不是怕我们抢，而是表示他对每个孩子都尽了心意，我们四个孩子从来没有为糖果、玩具打架吵嘴。

父亲一直是在教会学校里长大的，但是他不是基督徒。抗战中有一年夏天，我们在育才逸少斋（父亲和来客住的屋名）。父亲招待一位在江苏医学院学习的昔日同乡的孩子章克安时，父亲说他17岁那年和章君的父亲进了杭州一个什么教会医学院，该校规定凡在教的学生可以享受两年实习的机会，但非教徒则无这权利，这大概是以实习为饵引诱加入基督教之意。章君的父亲是基督徒，当然可以享受这个权利，但父亲以此规定太不合理，学校岂可因学生信仰不同而不同待遇！他没有因此加入基督教而毅然决然地离开了杭州。

假如说基督教对他有什么影响的话，那大概是他对耶稣舍己为人的牺牲精神的景仰，在早期恐怕就是圣诞节给孩子们送点儿喜欢的礼物。以后从办晓庄师范起，他变成了更多的不幸儿童——那些终年得不到一点快乐的穷苦孩子，大家所共有的圣诞老人，并且号召更多的大人来做集体的圣诞老人，只不过日子改到儿童节、春节或学校的校庆。在他生命的最后一年的儿童节，虽然任务那样繁忙，也没有忘记为乡下苦孩子的儿童节发起要给他们"一天的快乐，一年的学习"的活动。在重庆捐了不少捐款、书籍、文具、糖果、药品。这一年儿童节管家巷有 500 个孩子参加，古圣寺育才校本部有 1000 人，化龙桥和高峰寺各有 100 个孩子，南京晓庄余儿岗小学，上海山海工学团和淮安新安小学还未计算在内。

1923 年我 5 岁时，父亲改任中华教育改进社主任干事，全家搬到北京。在这之前，在东南大学时，他开始发动学生利用假期、晚上办识字班。他奔波于平民教育推进的工作，采用的是他和朱经农编的平民千字课。推动广泛办平民夜校、识字班和平民读书处。每一个识字的人家都可以成立一个平民读书处来教这一家内和邻居的不识字的人。我们家搬到北京后，为了响应平民教育的推进和起示范作用，在家门口也贴起了"平民读书处"的纸招牌。祖母那时已 57 岁，她受父亲提倡平民教育的影响，发了一个宏愿要读完平民千字课。父亲和姑母都忙于推广平民教育，没有空闲教她，那时我才 6 岁，刚读完第一册，就让我当"小先生"，教祖母读书。我和祖母一面玩一面读，情绪很高，一个月就把第一册读完了。读到 16 天时，父亲依据千字课上 16 课以前的生字写了一封信从张家口寄给祖母，她居然能毫无错误地读了出来。我这个"小先生"的试验，给父亲很大的启发，依传统的观念，教育只是成人对小孩之行动，他们忽略了另一面的事实——小孩也能教大人。在中国国家这样穷，师资又缺乏的情况下，要普及教育，"小先生"是一支很重要的力量。这件事增加了父亲对普及教育的自信，在普及教育运动中采用了"小先生制"作为一个很有力的办法。祖母学习得很有兴趣，也非常用功，一闲下来就读。她的书本放在梳妆盒里，一不懂就问我们。她除自己学外，还鼓励家里的用人也读书，自己还教她，做"即知即传"的工作。祖母的学习一直坚持到去世。1936 年父亲出国参加世界新教育会议，他做了"中国大众教育运动"的报告，最引起注意的还是"小先生制"，这是殖民地和半殖民地被剥削被压迫民族普及大众教育的好办法，印度和加拿大等代表尤感兴趣，印度代表还坚决要求父亲到印度去演讲他的教育主张。后来父亲到过印度，甘地在会见他时，请他对正在中国开展的著名的大众教育运动作一文字介绍，父亲写了，发表在印度的 Harijan（大概是"贱民"之意，可能是周刊）1938 年 10 月 29 日、11 月 5 日和 11 月 19 日，甘地在按语中写道："……不得不认为对我们印度是有帮助的。"

我们四个兄弟孩提时代的教育，是由姑母负主要责任的，她的文化比妈妈高。父亲在南京做教授，到后来因为从事普及教育运动和其他工作，很少能对我们负教育责任了。到北京以后，他整个身心投入他的事业，到处奔波，使我们父子间的接触更少了，普通的父子关系在我们之间似乎逐渐淡薄，这种变化从父亲 1923 年的家信中可以看得清楚。父亲说："我本来是一个中国平民，无奈十几年的学校生活渐渐地把我向外国的贵族的方向转移，学校生活对于我的修养固有不可磨灭的益处，但是这种外国的贵族的风尚却是很大的缺点。好在我的中国性、平民性是很丰富的；经过一番觉悟，我就像黄河决了堤，向那中国的平民的路上奔流回来了。"这些话意味着父亲下决心要放弃个人优越的社会地位和很高的经济待遇而回到人民中间去，为人民谋福利和解放。

父亲所以能够致力于各种创造性的事业，本身有一个最有利的条件，就是他无家庭后顾之忧。他得到祖母、姑母、母亲的全力支持，分担了他不少重负，这是受父亲感召的结果。她们在七年内，相继地倒了下去。

有人说父亲对我们孩子的教育态度，刻薄点说是听其自生自灭，说好听些是自由生长。其实一个对教育事业具有那样热忱的人，岂有对自己亲生孩子冷落之理！只是中国还有很多很多比我们更需要关心的老百姓、青少年和孩子需要他关心，他实在没有多少工夫再来管教我们。但是只要有机会，有时间，他是一样过问的，特别是大一些的问题，他也是很关心的。他对我们提出希望他帮助的事，只要是对的，有助于我们进步的，他无不给以全力支持。他对我们的教导常常是很精辟的，而我们对他的主张、事业、为人也是极崇敬和倾全力去支持的。即使不能帮助他做多少工作，却也不愿分散他的精力。所以我们的关系已经跳出了世俗的父子关系，他成了我们的导师、朋友和同志。因此我们和他的关系在形式上似乎很疏远，远得甚至还不如他的学生、一般青年和朋友，但我们还能站在一般青年中学习他，接受他的指导，进而支持他贯彻他"爱满天下"的宿志，使他的事业成为我们大家的事。这样我们之间又变得极为亲密，形式上似乎淡薄，而却又很浓厚。这也是父亲的教育和为人的成功之处。

1927年前后，父亲放弃了他高等华人的地位和优越的待遇享受，到南京乡下去筹办晓庄师范，搞乡村教育运动。父亲说："晓庄是从爱里产生出来的，没有爱便没有晓庄。因为他爱人类，所以他爱人类中最多数最不幸的人，因为他爱中华民族，所以爱中华民族中最多数而最不幸之农人。他爱农人只从农人出发，从最多数最不幸的出发；他的目光，没有一刻不注意到中华民族和人类的全体。"尽管父亲给家里来信说他身体和精神都好得很，还风趣地说："正月初四试验乡村师范行立础礼，请城里的人下乡拜年，他头晚就下乡，住在一位姓陆的农友家里，打地铺，睡在稻草上，暖和得很，比钢丝床还有趣。"特别是说到"我们六个人睡在一铺：……还有一个你们猜是谁？……你们怕是猜不着的。待我说来。他是一条耕田的水牛，睡在我们旁边，脾气很好，也很干净。第二天教育厅厅长到了，陪客的也是这条牛大哥。"家里知他吃苦很不放心，很想念他，几经催促，他才不得不寄一张相片回来，消瘦多了，家里很难过，姑母背着人饮泣，决定全家要由北京搬到南京乡下去与父亲共甘苦。姑母、妈妈还专门学了磨豆浆等劳动本领，教育我也要去做一个劳动的孩子。

1930年晓庄师范被蒋介石封闭，父亲被通缉，逃亡上海，后去日本，有的老师和同学被国民党反动政府捕杀牺牲。那时我才十一二岁，也要东躲西藏，颠沛流离，寄人篱下，受到冷眼、冷遇，在心灵上蒙上了很深的世态炎凉的烙印。家破人亡的遭遇，使我的青少年的一段时期陷于孤独、悲观的情绪之中，特别到祖母逝世后达到了高峰。后来经我要求，父亲介绍我以同等学力考进光华高中，才有一些缓和。

爸爸对我们从小就重视要动手劳动，不要做少爷、小姐，养成做人上人的苗子。他在信上还叮嘱："桃红、小桃在家，自己的事要自己干。衣服要学洗，破了要学缝。烧菜弄饭都要学。还要扫地抹桌。有益的事都要做。"及长一些，他就要求向自助助人，自立立人的方向去做。他在"儿子教学做之四个阶段"的诗里这样写道：

> 三餐喂得饱，个个喊宝宝。
>
> 小事认真干，零用自己赚。
>
> 全部衣食住，不靠别人助。
>
> 自活有余力，帮助人自立。

他觉得社会上对小孩的教育普通只有两个阶段：一是全然依赖；二是忽然自立。这中间缺少明确渐进的桥梁。倘若成人突然发生变故，小孩失其所依是多么痛苦呀！那时我才13岁，父亲就教我一面自学，一面写小稿子投稿；一面学英文，一面编译小的科普文章，这都可以赚些零用钱。他向我们推荐两位老师。第一位是自己的耳朵，文章写好了，先念给自己的耳朵听听看，不顺耳的地方就要修改，念几遍，改几遍，到耳朵都喜欢听了才罢。第二位是老妈子。为此父亲有一首诗：

问老妈子

文章好不好？要问老妈子。

老妈高兴听，可以卖稿子。

老妈听不懂，就算是废纸。

废纸哪个要？送给书呆子。

父亲就是这样办的。有位"老师"替他改了好几篇文章，觉得比原来的好多了。他写的文章还常常要念给大人、小孩听。拜他们为师。

他回家来，特别爱吃祖母烧的"青菜豆腐"和她做的"格翁"（徽州的菜馅饼）。他要我跟祖母学烧饭做菜，通过实际干，写了一本《陶母烹饪法》，交由商务印书馆出版。这些生活的知识和技能，几十年来，很是有用。他说他小时餐餐吃的是祖母弄的现成饭，有时也到厨房里去看看，好像现在流行的毕业参观，从来没有动过手，所以简直不知道烧火是怎么一回事。看祖母烧得很容易，便自以为真的容易，一看就会，何必费事动手去干呢？开始以为一看就会，而终于半生不会，这奇事他到35岁时察觉了。那年一位穷朋友预备自己烧菜请他吃午饭，父亲自告奋勇去替他烧火，结果是失败了：别人把菜洗好切好，而父亲的火还没有烧着，只好自避贤路，让人家一手包办，一会儿就烧着了。

他又介绍我去利用广播电台作为空中学校，教他编的"老少通千字课"。他也鼓励和培养了我对无线电的兴趣，支持我一面干一面学。1935年左右，在他的影响下，宝山县教育局冯局长用电化教育方法来普及教育，我们就自己动手为他们装了几十架无线电收音机。

　　父亲很爱诗，也选一些教我们学。小时在暑期里，父亲教我们读了不少诗，第一首古诗就是于谦的那首石灰诗："千锤百炼出深山，烈火焚烧若等闲；粉身碎骨全不顾，只留清白在人间。"这首诗我们小时背诵下来，几十年都忘不了。细想起来，父亲的一生，实在也只有石灰的青白可以比喻。他一生的身体力行所表现的这首诗的教育意义，使我们终身受用不尽。

　　父亲对字画也非常感兴趣，对书法很有研究，也下了很大的功夫。我们小时候，在北京家里的一间书房里，四壁挂满了碑帖，我们放学后，也常跟着他临字帖。他写字的兴趣一直是很浓厚的，直到办晓庄师范后，还要家里把他最喜欢的碑帖寄给他。他一方面自己研练，一方面也向人请教。直到1933年他才得到要领，觉得写得像个样子了，同时请他写字的人也很多，就正式卖字吃饭了。好多人都希望得到他写的字，这不仅是因为字写得漂亮有力，也因为他的字表达了他的思想和主张，以及他的为人。1941年我也以得到他专写给我的一张字，而感到无比的喜悦和珍贵。后来他约郭沫若、沈钧儒、冯玉祥等搞卖字兴学，成了他有力的战斗武器。

　　顺带提起，我们兄弟的毛笔字都像鸡脚爪一样，难以见人。特别是我的字早期写得很野，受到父亲严肃的劝告："有一件事要和你讨论。你的字是写得太野了，使人认不得，而且写信的纸张不规格，这是必须改正的。……你们的信总有一部分令人看不懂。就是看得懂也是叫看信人十分难过，甚至头痛。这点小事，如不痛改，将来必有一天，要给人把信扔到纸篓里去。……"经过这一番劝告、教育，我才认真地改了。

　　父亲的兴趣和学识实在是非常广泛的，这对形成他的教育思想和他的事业都是极有关系的。他说"在'博中求约'是和'自约返博'都是做学问必要的过程。"他重视实践和真知，唯其这样，他能够触类旁通，广征博引，融会贯通。唯其这样，他的思想非常敏捷周到，而对于一个问题、一件事，更能高瞻远瞩，大处着眼，但要从小处下手。唯其这样，更增强了他的领悟和吸收能力，更能有机地将各门学问的精华，组成自己血肉的一部分，提供出精确的思路，独到的见解。他对中西文学艺术的各部分，对于科学方面的各派系，对于历史与考古，对于自然科学的各部门——包括生物学、物理学、天文学、化学、算学、医学都有很丰富的知识，但他不是一个死读书本知识的字纸篓、传声筒和书呆子。他能够不断地提高别人对学习的兴趣，尊重别人的兴趣并且尽可能地给予启发、支持和帮助。

1930 年晓庄学校被封闭，那时姑母已病逝，我和祖母、母亲（已得重病）、弟弟凄凉地留在晓庄五柳村家里。一天，收到一封父亲给向真和探真（即陶宏和我）的信，信中说现在是一个科学的世界，科学世界里应该有一个科学的中国。科学的中国要小孩子去创造！等到中国的小孩子都成了科学小孩子的时候，我们的中国也就变为科学的中国了。希望我俩从今天起变为科学的孩子，还说要寄一套自然科学丛书来引导我们玩科学把戏，做科学实验，攀上科学树去摘科学果子吃。不但自己吃，还要给全世界的人吃！我的小小的心灵确实被震动了一番，盼呀盼呀，日夜地盼，想做一个科学的孩子，想玩科学把戏，可就是接不到这套美妙的丛书。后来一天夜里，父亲请一位朋友秘密地来到我家，带了父亲的信，把我接到上海，安置在父亲倡办的自然学园里学习，他自己另有秘密住处，但常常来。这时父亲正在搞科学下嫁运动，那里先有丁柱中、董纯才、戴白韬等同志，后来高士其、吕镜楼、方与严、陶宏同志都来了，正在编一套全 100 册的儿童科学丛书，着重指导儿童动手去做科学实验，从而引导到各门科学的原理和生活、环境的改造上去，文字通俗易懂，实验材料注意就地取材，以引导和培养儿童从小对科学的兴趣。我成了他们做科学实验的小助手、小学员。我特别爱玩电磁学、力学的把戏，观察昆虫生活和看天象，真是新鲜好玩极了，自己也自修一些基本课程，如英文、数学、物理、化学等，在父亲的带领下，我们常常到郊外去捕捉昆虫，捉了多种的螳螂来观察验证了法国昆虫学家法布尔所描述的螳螂交配后，雌螳螂要把雄螳螂活活吃掉（父亲风趣地称作活吃丈夫）的现象。野外，马路旁的广场和屋顶上的晒台就成了当时的天文台。这套儿童科学丛书的编辑，按照父亲的主张，不是从书本到书本，照抄照转，而是除博览群书，吸收前人的科学成果外，还要对内容经过自己实验证实，让儿童得到这套书可以手脑并用地学科学，做科学的孩子，我对科学的兴趣就是这一段的生活培养起来的。

父亲虽然是一个科学博士（圣约翰大学赠送的名誉科学博士），他深感到科学的重要。他说由于传统教育简直抹杀了他的科学兴趣，自己过去学得太不够，准备长期地下功夫来学，他的寝室里也成了做科学实验的地方，他也在充实自己的科学知识，培养自己的科学兴趣，发展自己的手脑并用，这一切大概是寄希望于为祖国培养有科学头脑的新的一代。他是一个活力充沛踏踏实实的普及儿童科学的先行者和引路人。他研究了一些大科学家的生平和童年，得到两个深刻的印象：一是科学要从小孩学起；二是科学的幼苗要像爱迪生的母亲和法拉第的书店老板一样去爱护才能保全。

大发明家爱迪生12岁就开始动手做科学试验，不大注意先生上的功课，一生只上了三个月学就被以"坏蛋"的罪名开除出学校，他母亲说我的"蛋"并不坏，指定家中地下室给他做试验，放的毒药多至200瓶，只吩咐他不许把毒药带到厨房、饭厅里去。科学实验让他自习，别的功课由母亲指导。爱迪生因得到一位这样的贤母，虽仅仅受三个月的学校教育，也能成为一位现代大发明家。发电机的发明者法拉第，幼年在书店里做徒弟，别的徒弟到利波老板那里去告他订书订得慢的状，利波对众徒弟说：法拉第是一面订书一面吃书；书订好了，头脑也吃饱了。你们中如有人像他这样用功，我也就马马虎虎。法拉第当他做徒弟时，倘使遇不着利波老板的识别宽容，这株科学的幼苗早已会被摧残了。父亲很喜欢宣扬大科学家童年生活的精华和教益，我听得津津有味，也很佩服。他的思想充分反映在《儿童科学丛书》中他写的三本《儿童科学指导》里，这三本书可以说是全套书的核心，加上稍后发表在《斋夫自由谈》上的几篇，到今天我看还不失它对儿童学科学的指导作用。后来父亲在重庆办育才学校培养具有各种特殊才干的人才幼苗，培养幼年研究生，都是早期提倡科学儿童的重大发展。

在自然学园里，父亲还提倡说话要有科学根据，办事要有科学态度，反对笼统。谁违反这一规约，一次就罚谁两毛钱请客。当然这不是指喝一杯水一定要说给我一杯 200 毫升的 H_2O，才算科学，而是要反对那样的"笼统哥"，你问他贵庚，他说"几十岁了"；你问他祖母高寿，他说"老了"；你问他有几位令郎，他说"好几个"；你问他一顿吃几碗饭，他说"不少"；你问他一月赚几块钱，他说"不多"；你问他贵国离中国有多少路程，他说"很近，很近"等等不科学、不确实的含糊说法。按照父亲说，这些"笼统哥"是混沌国含混省糊涂县囫囵村人氏。父亲常常和大家开玩笑，大家不放松他，竭力想抓住他的毛病，哪知他一言一语、一举一动都遵守规约，一次也没有被抓到。这种说话做事要有科学根据，要调查研究，要有数量观念，不能含糊其词的作风，在自然学园以后他一直保持着。

他还特别强调介绍科学新知，从源头上去学，注意科学的新动向，要迎头学，不要老是在屁股后跟。

父亲曾把祖母死后的寿险费提出，一些作为山海工学团的经费，其余的解决了新安旅行团的电影放映机（500 元）、发电机（约 500 元）和影片的问题。这部电影放映机和发电机跟着"新旅"跑遍了大半个中国，为抗战和争取民主中国的胜利做出了贡献。

1931 年"九一八"后，他的思想与行动倾注于抗日救国事业上去了。1937 年随着日本帝国主义加紧对我国的侵略，国难日深，父亲积极参与组织全国各界救国联合会，并担任"国民外交使节"，出国宣传抗日。我送父亲上轮船后，怅然若失，这一离别，将要很长时间不能相见，只能靠稀疏的信件往来。他的来信对我的教育很大，随着年龄的增长，领会不断加深，从根本上帮助我解决了当时悲观的人生观，这是我永远不能忘记的。

1937 年 2 月他从纽约的来信中说："接到晓光的信，很高兴。但是这封信和从前的信一样，好比是干橘子，没有多大浆水，恐怕是生活有些枯燥，意义不甚充足。……我愿意下次看到更好的信。我愿意当你们写信给我的时候是你们的灵魂对我谈心。……"短短的信引导我逐渐去追求有意义的生活，也只有生活过得有意义，信才会有内容，不至于像个干橘子。

稍后，我给父亲的信反映出自己在国内生活感到的孤独和悲观情绪。他在 1937 年 3 月 23 日的来信中进一步指出："你的人生观太悲观，应当改正过来。世界上一切困难都要用冷静的计划去克服，忧愁伤心是双倍的牺牲，于事并无补。你们不是孤零零的孩子。在你们的周围有着几百几千无数的孩子，都是你们的朋友，你们的同伴，你们的服务对象。从家庭的世界里把自己拔出来，投入大的社会里去，你不久就会乐观、高兴，觉得生活有意义……愿你听我的话，将胸襟扩大，生活将要自在得多。"在这里父亲进一步指出我思想上的病根和改正的方向，思想和生活要扩大到社会的范围，并且要投身到群众中去，与群众打成一片，做群众的一员。

在 1937 年 12 月 14 日的信中他说："……民族解放的大道理要彻底地明白，遇患难要帮助别人。勇敢地活才是美的活，勇敢地死才是美的死。……你在无线电已有了相当的基础。希望你在这上面精益求精，到最需要的地方，最有组织的地方，最信仰民为贵的地方，去做最有效的贡献。把生命的火药装在大炮里对准着日本帝国主义轰炸。倘若把生命的火药放在爆竹里玩掉或是放在盘里浪费掉，那是太可惜了……"这封信的寓意深刻，思想准确，语言铿锵有力，指出了当前的主要斗争，蕴藏着父亲对中国共产党和党领导下的解放区寄托着多么深厚的信任和感情呀！在那里，他看到了中国和中华民族的希望！也看出他对孩子多么真挚的爱护和多么深刻的教育呀！遗憾的是我当时觉悟还低，认识上没有很快跟上父亲关怀教育的高度。1938 年他又寄来一张坐在马克思墓旁的照片。在伦敦，他同吴老（玉章）一同去瞻仰马克思墓，他们在一片荒冢里寻找了几遍才发现恩格斯所题的墓志，而惊叹这一旷世伟人之墓竟这样平凡。在照片背面是他当时写的一首诗："光明照万世，宏论醒天下，'24748'，小坟葬伟大。"（"24748"是马克思墓的墓号），表达了他对马克思和马克思主义的崇敬和信仰。

父亲在国外担任国民外交使节期间，遍历欧、美、非各洲及南洋等28 国，宣传中国人民抗日救国的主张，以正视听，为建立中国人民和各国人民的友谊，动员外国朋友和华侨从各方面支持我们抗战，做了大量的工作，国外朋友和华侨还捐输了大量金钱和物资支援中国抗战，他自己还把卖讲所得全部款项寄回国内作为救国经费。他几度到加拿大。1938 年 1 月曾应邀到加拿大 17 个地方演讲，他最后本打算由欧洲回国，但因加拿大的工作未完，又折回加拿大。1956 年中共八大开会时，加拿大共产党代表曾找我哥哥陶宏，告诉他抗战初期父亲在美国和加拿大演讲宣传抗日，把所得的钱买了医药器材通过宋庆龄先生转给白求恩。

1978 年我们收到加拿大朋友 D.E. 威尔莫特先生寄来的父亲在 1945 年签名盖章赠他的一首英文诗的复制品，那首诗是 1938 年 1 月 16 日父亲任国民外交使节时献给加拿大朋友的，国内尚未见到过。另附有 1945 年前后威尔莫特先生在重庆参观父亲创办的育才学校的日记片断。时隔 30 多年了，足见感情之深。1946 年前后，加拿大朋友文幼章（Endicott）博士对父亲的为人和事业很崇敬，希望到育才学校工作，当时正值抗战胜利，育才学校很动荡，迁移再迁移，未能实现。父亲给陶宏的信中说："将来育才要演变而为大学，等到文幼章先生来华之时，我想他将能在我们这里得到一种教学之乐。可将我的意思转达给他，感谢他的盛意，预约将来的共同创造。"遗憾的是这样崇高的愿望未能实现。由此可见父亲也是早期建立中加人民友谊桥梁的工匠之一。

在纽约的码头上，他曾经领着中国留学美国的学生，用犀利的演讲，阻止美国军火商人把军火搬上日本轮船的那种助纣为虐行动。他慷慨激昂地说："日本杀死 100 万中国人，其中有 54.4 万人是美国军火帮助杀死的！工人们！站在正义的立场，要拒绝搬运助日的军火！不要替刽子手当助手！"美国的码头工人用大规模的罢工，拒绝搬运助日军火，坚决用行动响应了他的号召。

父亲在 1938 年秋回国。我在 1940 年冬天，22 岁时开始进入社会工作了。我去到成都一个无线电修造厂，随无线电专家倪尚达厂长工作、学习。一进厂就遇到要资格证明书的问题。我几乎没有什么正规资历，为了像样一点，我写信给育才学校副校长马侣贤要一张晓庄师范学校的毕业证明书。当这急需的证明书刚到，就又接到父亲的电报要我将证明书立即寄回，随即收到他1941年1月25日的快信，说："最近听说马侣贤寄了一张证明书给你。他擅自做主，没有经我看过，我不放心，故即于当晚电你将该件寄回，以便审核有无错误，深信你已经遵电照办。现恐你急需文件证明，特由我亲自写了一张，附于信内寄你。你可根据这样的证明，找尚达弟力保。我们必须坚持'宁为真白丁，不做假秀才'之主张进行。倘使这样真实的证明不合用，宁可自己出钱，不拿薪水，帮助国家工作，同时从尚达弟及各位学术专家学习。万一竟因证明不合传统，而连这样的工作学习亦被取消，那么，你还是回到重庆。……总之，'追求真理做真人'，不可丝毫妥协。……决不向虚伪的社会学习或妥协。你记得这七个字，终身受用无穷，望你必须努力朝这方面修养，方是真学问。……"父亲的这封信使我对自己屈从世俗的做假行为提高了认识，思想受到很大的震动。"追求真理做真人"开始印入自己的头脑，开始懂得父亲提倡的"社会即学校"，不是社会里什么都可以学，都有可学，而是要学习进步的方面，把社会推向前进，这才是真学问，而决不能向虚伪的社会学习和妥协。父亲就是"追求真理做真人"的典范。

进入社会后和在父亲教育事业内像两个世界，很不习惯，特别对周围的反共、反苏的声音和气氛，怎样活动活动谋求个人飞黄腾达、升官发财的语言，最为反感，精神相当苦闷。当时我围绕父亲事业的号召，在成都联系一些生活教育的朋友和育才之友开展了一些支持父亲事业征求育才之友的募捐活动。对捐助的朋友父亲都要写字送他们留作纪念。1941年10月21日我接到父亲手书的译诗。这首诗写道：

我决定，
要保持我的健康，

做我的工作，

求生存，

留心看是否长进，取来给去，

绝不白费光阴往后看，

不在懦弱中等待，不在权势中奔走，

只是常常地朝着光明迈进，

常常地常常地面向着正义，

夺去了，饿坏了，失败了，跌倒了，打散了，

向前拿出我所有的力量，

回转到大路上来。

　　我对诗的抬头"生活教育之同志育才学校之友晓光留念"倍感亲切。这虽然是一首译诗，但却像父亲针对我写的，他郑重其事地嘱咐我"不在懦弱中等待，不在权势中奔走，只是常常地朝着光明迈进"，是令我感奋的座右铭，给我个人的行动以正确的规范，经常萦绕在我的心头。即使在今天，还有一定的指导意义。父亲是慈父，更是严师！

　　我想父亲志愿的宏大，知识的渊博，创造力的旺盛，意志的坚强，生活的刻苦，做人的谦虚诚恳，除来源于他的中国性和平民性外，很重要的一条是他热爱祖国，热爱人民，勇于实践，勤恳学习。他的晚年在重庆虽然担负育才学校300多人的生活与学习以及从事民主与自由运动，但消磨不了他学习研究的上进心。每天夜晚很迟很迟才拖着奔跑了一整天的沉重的双脚，爬上坡，走到管家巷28号育才学校重庆办事处，无力地敲着门，我们从楼上下来开门。"你们还没有睡呀"，我们不晓得这话是应该向谁说的。他手上提着一件蓝上衣，拿着那顶经过风吹雨打早已软瘪的考克帽，

一摇一晃地上楼去。稍休息一会，如果没有什么紧急公事，或要写什么东西，你会看他坐在藤椅上，手中拿一本英文文学名著、诗集或其他政治、历史艺术书籍阅读，或翻阅报章杂志，使人对他肃然起敬。相形之下，你不能不振作、不进步、不能不加紧学习。我见他认真阅读毛主席的《新民主主义论》，见他喜爱刚传到重庆的毛主席诗词《沁园春·雪》，也见他读苏联有关教育的论著。他写的"创造年献诗"正是他研究运用唯物辩证法的反映。他的卧室兼办公室，就是隔着一道书墙。抗战胜利后他回到上海，即使民主斗争那样尖锐（他在三个多月间作了约100次演讲，常常一日去三处演讲），他还要我替他到美国朋友傅里曼（J.R.Friedman）处取借给他看的书。

在他办的学校里，很重视文化食粮。过去晓庄学校教育方面的藏书很多，育才学校的图书馆，更是重庆一个难得的好书库。那不是装饰品。在20世纪40年代初那吃不饱饿不死的年代，在育才二周年校庆到来前夕的创造月活动中，在父亲提出"集体创造上学习创造"的号召下，全校造了四个露天讲台，一个舞台，两个游泳池，建立了自然科学馆、历史地理陈列馆、艺术馆，举行了有意义的展览会，还有一项就是改造了图书馆，使它成为"现代化的文化厨房"。他常说我们不能只把肚子胀饱，变成一个小头鬼，同时也要给头脑吃饱才行，不要光有点心，还要有点脑。在大后方，当时育才学校学生追求真理和学习的风气是一般学校比不上的。

在1943年1月11日父亲特别委托我在成都搜集有价值的图书（包括中外名著、研究报告、重要史料等）和必须用的仪器，并要我先到华西图书馆详细参观，做一番"博"的功夫，再请教几位有专门研究的朋友，然后才开始。育才学校要加强中小学生的教育，要推进自然科学，在难童中选拔培养科学幼苗，要培养幼年研究生以及出版教材，还要满足朋友们的借阅。父亲在朋友们的帮助下买到 14 版大英百科全书，这在当时全国学校都是少有的事。父亲对科学仪器设备等实验手段是非常重视的，他不反对读书，但他反对的是为读书而读书，读死书，死读书，读书死；提倡把书当作一种有力的改造世界的工具，要用活书，活用书，用书活。

同样，父亲并不是绝对的反对当时的传统学校。他说："我们的学校都是为穷人办的。有办法进学校的当然可以进学校，为什么不可以呢？他们用不着我们来想办法。"这句话一直记在我们的心里，也可以说经过这句话的启发，我们才更了解到父亲的事业一向就是为穷人，为占中国绝大多数的劳苦大众及其孩子、流浪儿童开门的。用父亲的话说，它不是摩登女郎的金刚钻戒指，而是冰天雪地下穷人的窝窝头和破棉袄。他写的《大菜司务小影——教育家醒来！》的诗也表明了他的心志：

> 只为阔佬烧大菜，且听穷人吃糟糠；
>
> 说起理由亦充足，声声重质不重量。

当然父亲所办的学校也需要充实，难道给穷人办的教育就不要充实吗？这父亲也是同意的。有人认为父亲绝对反对传统的学校教育，认为一无可取，是不确实的。他认为能进学校的可以进学校学习，充分利用学校环境的有利条件如有些有真才实学的老师和充分的科学实验设备等，来达到学到真本领，为人民服务的目的。他反对的是不问国家大事，关起校门为读书而读书，读死书，死读书，读书死的教育制度，反对国民党统治思想的党化教育和反对培养少爷、小姐和只教人做"人上人"的教育！所以我们如果不站在"穷"的立场上，不站在穷的中国的立场上，不站在劳苦大众解放的立场上，联系当时反动统治下的具体情况条件，去看他的创造，就不可能了解他一生的事业。

关于如何正确对待基础知识的学习问题，1943年他就告诫我"无线电要弄得好，须打基础：数学、物理、化学等"。他又要求每个青年无论学社会科学、自然科学或艺术文学至少都要擅长一门外语，要掌握住主要的文化钥匙。

父亲基于博爱（当然与宗教家的博爱有别）精神非常肯帮助人，尤其能爱才和容人，爱护青年、儿童。

记得高士其同志原在美国专门研究细菌学，由于培养细菌实验时不小心，细菌侵入身体，开始造成行动、说话迟钝，时常眼睛突然失明，只能靠摸索走路。治疗无效，贫病交迫，不得已回祖国来。踏上祖国的土地后，四顾茫茫。在危难中父亲请他到"自然学园"，以他外文的造诣和科学知识的丰富，一面与疾病斗争，一面开始搞科普的创作。父亲对他真是爱护备至。

王洞若同志是一个老共产党员，在20世纪30年代上海时期就在父亲的事业内部做地下党的工作，他对父亲思想的进步和事业的发展都起过积极的作用。他是晓庄师范第一期的学生，育才学校成立后，他是地下党第一任支部书记，和父亲相处的时间很长。他对哲学社会科学和教育都很有研究，并有独到的见解。父亲经常与他讨论研究问题，也尊重他的意见。因长期艰苦的地下工作，身体不好，得了重病，父亲对他从精神到物质关怀备至。

刘季平同志，公开身份是晓庄师范的学生，他是1927年的共产党员，当时晓庄师范的地下党支部书记。他在上海被捕，父亲用很大的力量筹集了很大一笔钱，为他请了律师进行辩护。

父亲自己不近烟、酒，也最厌恶烟、酒、赌博这一类的习惯。但对于有抽烟嗜好的专家，他很能原谅，以为通过抽烟可以提高他们的研究精神，为人民做出新的贡献。他知道翦老（伯赞）有吸烟嗜好，在重庆那种生活极艰难的年代，凡是外国人送父亲抽的香烟他都接下来（哪怕一两支都留着），托人带给翦老，有时还附首诗。直到他逝世前两天还让我给翦老送去十包幸福牌香烟，由于怕他病中多吸了烟不好，还要我对翦老说还有十包等翦老病好些再送去。

哥哥陶宏告诉我说：一次有一个大学生来找父亲，希望他做一个保证人，能够领取学校的津贴，可是父亲不在家。回来后，陶宏把这件事告诉了他。他就问给写了介绍信或是盖了印的名片没有？陶宏说由于没有得到他的同意不便轻易这样做。父亲说以后遇到这样的事尽管办，省得让人多跑。对于流落在外乡、人地生疏的青年，特别应该帮助。

这样的事是很多的。

抗战中，国统区通货膨胀，物价飞涨。父亲给我信说："学校经济自是非常困难。你知道我是欢迎困难的一个人。一切困难都以算学解决之。不但经济困难如此解决，别的困难也如此解决，所以我没有忧愁，仍旧是吃得饱睡得着。……我们追求真理，抱着真理为民族人类服务，有什么疑惑呢？所以我无论处境如何困难，心里泰然自在，这是可以告慰的。"他正是这样坚定地以"百扣柴门十扇开"的精神对付经济难关。学校里有一段，由两干一稀变成两稀一干、三餐稀饭，菜只有少量胡豆。生活虽苦，但精神却饱满得很。父亲说："社会永远不会辜负我们的，许多朋友帮助我们解决经济困难。"我们是"拿社会的钱给社会办事"，在那样的环境下，只要不附带干涉学校内政条件的钱，他都可以要，其中包括国民政府机构内通过个人关系的来款和国外捐款。记得 1946 年 7 月父亲逝世后，内战将大规模展开，周恩来同志很关心父亲的遗著出版和遗留事业的维持，在他回延安前，专在上海马思南路中共办事处宴请某夫妇，为请他们支持父亲著作的出版，方与严同志和我都参加了，以后只出版了一本《行知诗歌集》就停止了。会上周恩来同志听到美国援华会总干事提出要有一个组织名义支持育才学校办下去时，指出我们自己组织可以，他们指定人不行，只要不附带干涉校内事务的条件，美国的补助可以接收。于是我们组织了一个由陈鹤琴先生任主席的育才学校顾问委员会。

抗战胜利以后，父亲于1946年4月由重庆到上海推动民主运动，筹备育才学校迁沪和扩大社会大学运动。这一年4月14日父亲到了南京，要去晓庄，当地农民和小孩赶到中央门、迈皋桥一带来迎接，鞭炮齐鸣。他见到了从前晓庄学校幼稚园的孩子现在已经生了小孩在等候父亲来开办幼儿园了。晓庄在所谓焦土抗战的命令下，房屋都烧光了，树木都砍光了，只留得我祖父母墓的两棵树，巍然并存，欣欣向荣，这是由于坟亲家和晓庄农友的爱护。南京没有民主气息，但上海的民主力量很强，父亲刚到就有1000多教师欢迎他，在市立育才中学请他作"民主生活与民主教育"的演讲。当时全国争取和平民主的斗争达到最尖锐的阶段，反动政府采取恐怖手段妄图挽回那不可抗拒的大势。李公朴、闻一多被反动当局暗杀了。听说在上海要执行暗杀的第一名就是父亲。他处之泰然，视死如归。7月16日他分别写信给育才学校师生和育才学校同学会上海分会："如果消息确实，我会很快地结束我的生命。……我提议为民主死了一个就要加紧感召一万个人来顶补。……我们现在第一要事是感召一万位民主战士来补偿李公朴先生之不可补偿之损失，只有这样才是真正的追悼。平时要以'仁者不忧，智者不惑，勇者不惧，达者不恋'的精神培养学生和我们自己。有事则以'富贵不能淫，贫贱不能移，威武不能屈，美人不能动'相勉励。……"他抓紧时间坚持战斗和整理诗稿。我很不放心，几次要求跟着照顾他，但他不肯。他逝世的前一晚，我还和继母吴树琴同志到他的隐蔽住处爱棠新村 13 号去给他送书、稿件和用品，谁知道就此永别了！怎不使人悲痛万分！

在父亲生命的最后几个月里，我们分别了两年以后又在上海相会。虽然蓬勃开展的民主运动吸引了他几乎全部的精力，但我看他最高兴的是他的教育理想、主张虽然受尽国民党的重重歧视、限制、打击、迫害，但在解放区却得到实施。从解放区同志的来信来访，从奥地利医生严斐德（詹生）、美国记者罗尔波等朋友去解放区带回的信息，解放区在党领导下，劳动人民翻身做了主人，精神解放了，文化教育得到普及，使他欢欣鼓舞。父亲看到天快亮了！他对解放区心驰神往，总想有机会到解放区去，呼吸呼吸那里的民主、自由的空气，从而实现他多年来梦寐以求的愿望！

我和父亲相处的日子实在是太短太短了。但他留给我们去学习、去研究的遗产却是很多。他的一生是不断战斗和不断进步的一生，是追求真理做真人的一生。

我所知道的陶行知先生

张国良

……我和陶先生是同乡，他比我大 8 岁，在 70 多年前我就和他有过接触。后来我到上海升学和工作，又和他多次见面。直到他死前数日，还见过他一次。驹光逝水，忽忽已 35 年了。陶先生的音容宛在，令人难忘。现在写点片断的回忆，以表对陶先生的怀念。

陶行知先生原名陶文浚，小名和尚。1891 年 10 月 18 日（清光绪十七年农历九月十六日）诞生于歙县西乡距城八里的黄潭源村。父亲陶槐卿曾在休宁万安的亨达官酱园做生意，后来由于社会经济崩溃，酱园也破产出顶，于是回到故乡黄潭源务农，卖柴卖菜，生活艰苦。陶先生从小就爱读书，他从王藻老夫子学习四书经传，天资聪敏，过目不忘。那时是光绪末年，科举刚废，歙县城内小北街耶稣堂（基督教内地会）附设了一所崇一学堂。这所新型学堂的设立，可谓开风气之先河。当时人们都叫它洋学堂，是相当于旧制中学的程度。堂长是牧师英国人唐俊贤。他和他的妻子都会说中国话。他亲自教课，并聘请硕彦程修之、金鹏文教中文。陶先生15 岁进了这所教会学堂。当时和他同学的有朱家治（慕庐）、姚文采、洪范五、杨雅涵、汪采白、汪岳年、杨廷桂、江粹青、程家庚、章文启、章文美、章文雅、程祖贻、汪邦铼、汪邦钊等人。后来唐俊贤任满离去，堂长就由通事（翻译）绍兴人章觉甫兼任。以后歙县新安中学堂、紫阳师范学堂陆续创立，崇一学堂连办两期后，就改名崇一小学。老友方与严在进晓庄师范之前，曾在崇一小学任过教师。

我本来不认识陶先生，因他的老师程修之住在我家隔壁，陶先生常来看老师，从此我和他常常见面。还有朱家治家在西城坊内（现在歙县公安局后弄），离我家近在咫尺，他的父母和我家素有往来。我那时只有七八岁，常常跟着朱家治和陶先生在一起游玩，因而我和他们搞得很熟，成了他们的小朋友。

陶先生勤于学习，在休闲时也喜欢活动。那时足球、篮球还没有流行，陶先生常和朱家治在二十四根柱（即谯楼，现为歙县博物馆）下面踢实心小皮球，我常在旁观战，并替他们到阴沟、菜园里拾球。朱家治身强力壮，能一脚把球踢过二十四根柱屋顶。有一次，朱家治把球踢上屋顶，不再滚下来，回到家里，被他的父亲大骂，甚至要打他，因为他的父亲是徽州府衙的看门人，家境清寒，丢了一个球，怎不心痛。我急急回家告诉母亲，我母亲买了两个球送给朱、陶两人。后来陶先生送给我一本《华英初阶》，这是学习英语的启蒙课本。陶先生常对同学们说："健康之精神寓于健康之身体，休闲时间要多活动，锻炼体魄。"陶先生后来创立各类学校，体育是一直受到重视的，都把健康的体魄和劳动的身手列为教育的目标。

陶先生平时学习，勤奋努力，成绩优异，深得堂长唐俊贤的关爱，叫他搭伙在通事章觉甫家，给予免费照顾。章觉甫擅医道，陶先生日日接触，受其熏陶，因此产生了行医救人的愿望。陶先生出生的年代，正是我国经历了鸦片战争、英法联军、甲午战争、八国联军，国家与人民备受列强凌辱的时代，陶先生跳出科举应试，接受科学新知，在革命思潮风起云涌之际，激起救国救民的思想。那时歙县西干十寺地方（实际只剩如意、妙法二寺），古木参天，山清水秀，是一个优美的风景区，崇一学堂的师生常来这里游玩。可恨这两寺的当家和尚乱砍古木，破坏风景，甚至在寺内引诱青年聚赌，侮辱民间妇女，并利用宣扬佛教为名，沿西干山坡修建十八个佛龛，强捐敛索，以填欲壑。他们勾结官府，鱼肉人民，有恃无恐。受害者敢怒而不敢言，有怨难伸。陶先生等曾向他们多次善意劝阻，并提出警告，都无效果。陶先生义愤填膺，与朱家治等同学赶往西干，将十八个佛龛拆毁，所有龛里泥塑木雕偶像尽行丢到河里去。又把观音亭里二尺高的石像扳倒，由几个人抬着摔进老虎洞（长庆塔下一个水洞），以免他们再拿偶像来吓唬人。又责令当家和尚烧毁赌具，不再愚弄妇女，使这两个为非作歹的和尚受到一次严重的打击，认识了错误，从此改邪归正。

1909 年，陶先生在崇一学堂毕业后，为了要达到医药救人的初衷，借资到杭州，考入广济医学堂。学习半年后，由于不能满足他的愿望，中途退学。后得唐俊贤的帮助，于 1910 年（19 岁）考入南京金陵大学文学系。1914 年以第一名毕业于金陵大学，深得校长包文（美国人）的器重，帮助他赴美留学。先入伊利诺伊大学，得政治学士学位。继入哥伦比亚大学，研究教育，为美国实用主义教育家杜威博士的得意门生，获教育硕士学位。1916 年学成回国，时年 25 岁。初任南京高等师范学校教务长，继任东南大学教育系主任。对当时教育提出许多革新的主张，如改进制订总课程表，首创暑期学校，首倡男女同学，首倡"特别生"，以及推行师生共同生活等等，有不少建树。因此，上海圣约翰大学赠予科学博士学位。

两个特色革新的例子：

（一）改进制订总课程表。陶先生任职伊始，发觉旧日课程总表安排教师、学生、教室、实验室与教学之间的关系，在发生抵触。如果临时有所调动，极为棘手，不免牵一发而动全身。陶先生身为教务长，责任极重，乃运用统计学原理，制订新的总课程表，组织严密，对临时调动，既迅速，又正确，对教学很便利，无纠牵之弊，解决了长期存在的难题，使人人钦服。后遂为全国各学校所采用。

（二）首倡男女同学。1920年秋季招生，陶先生提出兼招女生。当时保守者都认为女生生理特殊，学习成绩赶不上男生，同班上课，殊多困难，表示异议。但经试行后，所招女生成绩俱佳，入学后功课都能赶得上。当时有一个女生名李今英的，英语成绩为全校之冠，名传遐迩，为一时之谈助。后来北京大学接踵而起，先招中文系女旁听生，人虽不多，其中有一名许素闻的，诗文并茂，是其中佼佼者。陶先生的创举，遂成为大学男女同学的滥觞了。

有一次，高师附中招考新生，有个姓汪的大人物，叫他的两个儿子去报考。这两个花花公子平日宠爱过分，不读书，好嬉游，成绩低劣，没有考上。姓汪的打电话给陶先生，请他给予照顾，通融录取。陶先生那时正在革新校政，清除积弊，哪里肯破例迁就。后来汪姓派了秘书去面见陶先生说项，动以利欲。陶先生不动声色地背诵了苏轼的一首诗"治生不求富，读书不求官。譬如饮不醉，陶然有余欢"以明志，拒绝了他。一时传为美谈。从这一件事，可以看出陶先生坚持真理，不肯以原则来做人情，更不屑趋炎附势，以迎合达官贵人为进身阶梯。此后陶先生放弃贵族式优越的教授生活，走向平民教育、农村教育，为解放极大多数最不幸的穷苦人民而奋斗，皆植根于此。

陶先生原名文濬，有妹名文渼，同是家中的排辈名称。他初时服膺王阳明"知是行之始，行是知之成"的哲学观点，乃改名"知行"。从此"陶知行"这个名字不胫而走，人们对陶先生的进步思想颇多称道。

有一次，我接到陶先生的一封信，他的署名是"行"字在上，"知"字在下，两字连在一起，好像花押式的签名。我以为是误笔，把"知行"二字写倒了。又推测他为了签押好看，有意倒写的。后来才知道他的名字已由"知行"改为"行知"了。原来陶先生通过不断实践行动，认识到"知是行之始"的理论不妥，应该是"行是知之始，知是行之成"，不行不知，行而后知，实践才能出真知，乃改名"行知"。这是陶先生在无数教育与行动实践中总结出来的思想核心。

陶先生是一位有名的留美学生，又在最高学府主持贵族式的教育工作，人家总以为他是目中无人、神气不凡的。哪里知道他坐下来和人谈话，毫无拘束，平易近人，语多风趣，很有说服力。他常常看到农村的落后面貌和农民没有文化的疾苦，身居高位，毅然过着平民式的生活，常和广大农民接触，了解农民的生活情况。后来他放弃贵族式的大学教授地位，在南京创办晓庄师范，要通过教育来改造落后的农村，解放极大多数的穷苦农民。他经常穿着草鞋，点了灯笼，深夜步行往来于南京和平门外劳山晓庄之间，不以为苦。他写了"与马牛羊鸡犬豕做朋友，向稻粱粟麦黍稷下功夫"做学校的门对，标榜着晓庄师生改造农村的愿望。当晓庄学校成立三周年，陶先生写了晓庄三岁告同学书说："晓庄是从爱里产生出来的，没有爱就没有晓庄。因为他爱人类，所以他爱人类中最多数最不幸的中华民族；因为他爱中华民族，所以他爱中华民族中最多数而最不幸的农人。他爱农人只从农人出发，从最多数最不幸的农人出发；他的目光没有一刻不注意到中华民族和人类的全体。"

陶先生放弃大学教授职位后，在上海活动的时间较多，因此我和他相见的机会也就不少。徽州各县许多在上海大专学校读书和在工商各界工作的青年，为了互通声气，组织了一个徽社，我和老友许士骐都是徽社成员。公请陶先生当顾问。每月出版《徽音月刊》，由我和程本海主编。我们常请陶先生斟酌稿件。陶先生写过一篇《徽州少年还乡运动》登在《徽音月刊》上，它的主题思想是号召在上海的徽社青年回乡改造农村，普及农村教育，提高农民文化知识，启发最多数最不幸的农民思想觉悟。后来徽社的青年有些是照着陶先生的旨意去做了。

有一期的《徽音月刊》上登了一个姓徐的青年写的一首描写徽杭水路交通困难的诗歌，事隔五十多年，大意我还记得。写的是：

> 府对府，六百五，徽河坐船真正苦！
>
> 大小滩头三百六，一篙一纤常受阻。
>
> 雨落三天洪水涨，三天不雨河干堵。
>
> 乘客往来常误期，心中苦楚向谁吐！

陶先生看到这首诗，也想起少年时初次出门乘船到杭州，沿途遇到的情况。他说："水大的滩头，下水船要倒行，纤要倒背。水浅的滩头，要把船上的货物搬上岸，乘客还要上岸走几里路，等船过了滩，人货再上船。上水下水都有这种情况。耽误日期，有苦确是无处诉。而且船过滩时，船夫往往用肚皮顶着竹篙，出力很大，头筋凸起，痛苦之状，教人不忍看。因此常听见船夫发着牢骚：'要吃米，要吃盐，前世不修来撑船！'"我们就向陶先生建议，开造徽杭长途汽车路，请他出来号召。他满口答应，带了四个徽社青年到杭州去，邀请船行帅家和姚家头头开座谈会，商议开造汽车路，请他们出来主持。帅、姚两家各有帆船多只，他们怕汽车路一开通，水路就没有生意了，坚决不同意。陶先生又领了大家去见姓程的和姓曹的两大商家，到沧州旅馆商谈。这两个大资本家的出发点都是唯利是图，不愿把任务交到我们手里，更不肯无条件垫出资本。无结果而散。大家回到上海后，陶先生对大家说："事情虽没有头绪，但我们这次行动等于撒下了种子，已引起大家的注意，迟早会有人出来干的。"果然不出所料，第一次商办的杭徽公路不久就兴建起来了。饮水思源，杭徽公路的兴建，未尝不是陶先生热诚为家乡交通事业着想而促成的啊。

1928 年秋季，我的老友方与严在浙江萧山闻家堰（又名毛家堰）办湘湖师范，因为人手不够，先生介绍我去。那时我正在上海寰球中国学生会附设的中小学任教，不能中途离去。我利用寒假到湘湖师范去看方与严，说明脱不开身。方君坚要我留下，而上海原校长及学生家长坚不放我走，结果我未去成。从此我对陶先生的教育思想与教学方法更是向往。在从事中小学工作许多年中，学习陶先生俯首为牛的精神直到退休。

陶先生和胡适同是徽州人，同样留学美国，同为美国教育家杜威博士所赏识，回国后同为最高学府教授，但两人的思想认识迥然不同，两个人走的道路各异。最主要的陶先生是站在人民的立场，唤起最多数最不幸的穷苦人民，求得解放。他没有一刻不注意到中华民族和人类全体。他并没有被杜威的实用主义所束缚。而胡适回国以后，则站在资产阶级实用主义的框框里。吹捧洋教条，与人民站在相反的立场，逢迎权势，轻视自己的国家，说什么中国人民不外"贫、弱、私、愚、乱"五大弱点。陶先生写过一首诗嘲笑他："明于考古，昧于知今，捉着五个小鬼，放走一个大妖精。"（"大妖精"指帝国主义）那时陶先生与胡适都住上海。有一次，胡适的亲戚为了办一件事许久办不好，胡适给他出主意，花了很大一笔钱才办成功。胡适高兴极了，学着京剧《卖妻得银》的腔调："银子果然是好的东西，好宝贝！"我在《新闻报》"快活林"栏看到这段记载，就拿去给陶先生看。陶先生当下写了一封信叫我去寄给胡适，信中大意是：你胡适先生不重妻子重银子，银子果然是好东西，好宝贝。今天我还有点银子，你叫我一声陶先生，等到我没有银子了，你就只认衣衫不认人了，因为我也是"五大弱点"之一啊。两人的思想认识不同如此。

我们在主编徽社《徽音月刊》期间，屡屡接到家乡来信，指责休宁万安二师提倡佛学，不该在校内公开大捧婺源（旧属徽州）提倡佛教最力的江易园，说什么"江易园，国宝也"。要《徽音月刊》开展批判。我们对佛学无研究，提不出意见，正在彷徨无计。恰好陶先生从南京来到上海，他对这个问题发表了一点意见，他说："佛学是可以研究的，但是只有让那田园充实、娱乐晚景的福人去皈依佛号，日诵菩提，断非可语于终日为生活而忙碌的劳动人民和志在改造社会、为国捐躯的青年。可以闭起家门诵佛礼忏，断不可以在公家办的师范学校里一面领薪水，一面宣传佛法。……"他的话扼要而中肯，说服力很强。

有一次，我到某旅社去看陶先生和老友方与严。到了傍晚时候，我请他们两人到徽馆去吃砂锅馄饨，说是价不高，且实惠。心想这个恰如其分的请客，他们一定会同意的。殊不料陶先生竟说："太费了，太费了，跟我们来。"他们很熟门熟路地到一个里弄天津馆，买了六个火烧（天津式烧饼），再到粥店里要了三碗粥，一碟发芽豆，一碟酱瓜，就这样饱饱地吃了一顿晚餐。他们这种由来已久的晓庄节俭朴素的传统生活，真值得教人学习。

"小先生制"是推行社会教育的好制度，目的在发挥儿童的能力来参与普及教育、扫除文盲的工作。这个破天荒的传遍国内、闻名国际的教育制度，人们都知道是中国人民教育家陶行知先生倡导的。但是陶先生是坐在沙发里空想出来的吗？是在枕上一觉醒来写出来的吗？绝不是的。是他从长期教育实践中总结出来的。事实是他的老母年近花甲，还是个文盲，由六岁的孙子小桃教她识字，从此倡导开来。有诗为证：

慈母读书图

（一）

吾母五十七，发奋读书籍；

十年到如今，工学无虚日。

（二）

小桃[①]方六岁，略识的和之；

不曾进师范，已会为人师。

（三）

祖母做学生，孙子做先生；

天翻地覆了，不复辨师生。

（四）

二桃[②]凑热闹，两眼呆望着；

望得很高兴，祖孙竟同学。

（五）

上课十六天，儿子来一信；

老人看得懂，欢乐宁有尽。

（六）

匆匆六个月，毕业无文凭；

---

① 小桃，即陶晓光。

② 三桃，即陶则。

日新又日新，苦口作新民。

（七）

病发前一夜，母对高妈说：

你比我年轻，学习要心决。

（八）

子孙须记牢，即知即传人；

若作守知奴，不是陶家人。

以上的诗是陶先生早在 1927 年以前题在照片上的。陶先生以后推广用学生教学生，实行即知即传的"小先生制"对他所号召的普及大众教育运动有很大的贡献。他提出"即知即传"，"在教在学""知识为公""文化为公"，形成普及大众教育运动的巨流，突破了数十年来中国义务教育的纪录。

在"八一三"上海沦陷前夕的一个夏天，上海寰球中国学生会举办一年一度的欢送出洋留学生茶话聚餐会，地点在中西女子中学校园里。当时我是招待员之一。陶先生也来参加欢送。他在欢送发言中，有三个警句发人深省。他说："现在青年人在学校里，大多数是在读死书，死读书，读书死。"他狠狠地批判了中国旧教育内容腐败，理论与实际脱节，所学非所用。有些人把读书作为有闲阶级的装饰品；有些人把读书当作博取功名的敲门砖；有些青年把书本作教条，钻在牛角尖里死记硬背，成为书呆子，甚至搞垮了身体。而占中国人口绝大多数的劳动人民则被排斥在学校门外。……陶先生慷慨陈词，声色俱厉，语语激奋，无异对广大青年敲起警钟，使听者动容。

有一次，陶先生领着一个朋友的儿子到寰球中国学生会来联系出洋买轮船票事，陶先生到我宿舍小坐。他看见我房门上贴了四句话："日出而作，日入而息，埋头苦干，不怠不逸。"他略一思索，叫我把"苦"字改成"乐"字，就是要"乐干"。我说："这不是反乎常理了吗？"他说："我们学习为的是学到有用的知识和技术，这不是乐事吗？学好本领，可以全心全意为工农大众服务，这不更是乐事吗？乐事当前，我们为什么不乐干呢？"陶先生的见解，对我来说，真是启愚发蒙，使我的思想认识大大提高。因而想到陶先生一生为了兴学育才，著书立说，争民主，反内战，疲于奔命而不以为苦，正是他的乐干精神的表现。这种崇高的精神是值得尊敬和学习的。我退休回到家乡，常年为街道服务，为学校义务教课，曾有一段时期，一星期内兼任城乡四个学校的课，人家说我年纪一大把，有福不享，真是自讨苦吃！而我实在是"乐干"啊！陶先生真是我的一字之师，终生不忘。

陶先生不但精通英语，兼通德、法两国文字，但他从不用英语和本国人谈话，因此他留学美国时，被人家称为百分之百的中国人，很受侨胞尊敬。他为了要深入了解苏联情况，对俄语也多涉猎。陶先生真是一位博闻强识的学者。他要求青年学外语，尤其要学英语，有目的地学，要把眼光扩大，在这世事多变、人事繁复、科学日新月异之秋，不掌握外语知识是不行的。目前从全国范围看，各级学校莫不重视外语课，各地大学正在采取多种措施提高学生外语水平，促使学生们不断扩大知识领域，使能直接阅读外文书刊。这正符合陶先生的意想的。

陶先生的一生，是为人民教育事业奋斗的一生，是为新中国培育人才的一生。处在中国革命的激变时期，他的思想随着中国革命环境的变化而不断地进步发展。抗日战争爆发后，陶先生到西南大后方去，一方面宣传抗日民主教育，一方面继续创办各类学校，收容难童，组织流亡青年，培养多方面的人才，响应中国共产党关于建立抗日民族统一战线的号召，积极参加抗日救亡的行列。他的一生有关教育的论述近百万言，有很多宝贵创见。1937年以后他的许多活动，我无从亲知。及至1946年4月，陶先生从重庆回到上海，住在吕班路（即现在的重庆南路）53号二楼，我又见到了他，他忙于争民主、反内战运动和民盟工作，在白色恐怖弥漫的上海，国民党反动派把陶先生列入黑名单，要对他下毒手。他依然无所畏惧地继续参加各种反内战、反迫害的斗争。爱国民主战士李公朴、闻一多在昆明相继遇害，陶先生被国民党反动派通缉，消息传来，陶先生大义凛然地说："我等着第三枪！"陶先生劳累过度，刺激过深，不幸于1946年7月25日突患脑溢血症逝世，存年55岁。临终前数天，我去陶先生住处，与陶夫人吴树琴、次子陶晓光，还有老友许士骐同桌吃饭。陶先生自外归来，其行动已不似往日的自如，彼此点了点头，初不料他病象已深，不及多谈，顿使我抱恨终天了！

在陶先生殡殓之夜，他的挚友许士骐在上海殡仪馆为他赶制石膏遗容及手模。在场的有郭沫若、吴树琴、陶晓光数人。经过十年动乱，陶先生的石膏遗容及手模完好无损，现保存在南京晓庄师范陶行知纪念馆，永为后人瞻仰。

1947年，老友许士骐为了永久纪念伟大的人民教育家陶行知先生，初在歙县新路街许家老屋设立行知小学，我是发起人之一。捐款人中尚有爱国人士章载功。学生不收学费，并发给书籍及课业用品。约一年后，上海福利基金会派人视察，认为尚有成绩，予以经费补助，乃购得现在场地，兴建校舍。又在上海捐募寒衣四百套，由我和项厚轩运至校中，发放给学生，摄有照相留念。当时歙县是在国民党反动派控制之下，我们被视为"反动分子""不稳分子""共产党的同情者"，事事受到纠缠。但我们坚决学习陶先生为人民教育事业鞠躬尽瘁的革命精神，冒着危险办学，勇往直前，义无反顾。首届离校学生，现在多有在邮政、广播、机关以及远在甘肃、哈尔滨工作的。全国解放后，在党的领导下，行知小学改为公办。

再记我所知道的陶行知先生

张国良

陶行知先生的一生是改革旧教育、建立新教育的一生，是一个即知即行、能知能行的实践教育家。他的立言行事为中外广大人民所景仰。我和陶先生谊属同乡，少年时期常共嬉游。他长我 8 岁，提携我如长兄之抚幼弟，指导我如小先生启发蒙童。前年，陶先生 90 周岁诞辰，我写了《我所知道的陶行知先生》一文，以表对陶先生的怀念。现在再回忆十则，以作为前文的续篇。

王门立雪

陶行知先生爱读书的习惯是从小养成的。他 6 岁进私塾，学习认真，过目不忘。稍长，由于家道中落，随父务农，过着艰苦生活，但陶先生要求读书，不肯中断。他父亲对他也寄予厚望。经人介绍，从王藻老先生学四书经传。王藻老先生是南乡渔岸人，字慎士，前清贡生，德高望重，长期在小南海航步头曹家坐馆。曹家先后有堂兄弟 13 人在王先生手里破蒙，年纪最大的叫曹光发，比陶先生还要小 8 岁，都是些小娃娃。王老先生见到陶先生，甚为喜爱，留他在曹家伴读，不收束脩。航埠头离黄潭源陶家有 15 里路程，陶先生不辞路遥道远，每隔二三日，从黄潭源步行经山坑、洪坑、王大桥来到曹家，向王老先生问业。有时陶先生到曹家来，正值王老师在教课，他就站在大厅外的门亭里等候，不肯冒失进去打扰。如遇下雪，他也和往常一样站在门亭里复习旧课，等候王先生歇息下来才进去。有知其事的，说这个小后生竟有古人程门立雪之风，人以是多之。

一丝不苟

陶行知先生 15 岁进徽州府耶稣堂所办的崇一学堂，学习英文及各门学科，读书益勤，成绩优异。他常听人说："熟读唐诗三百首，不会作诗也会吟。"因此，他对学习唐诗颇为向往，挤出时间向国文老师程修之求教。程老师住在我家隔壁，陶先生每次来时，倘遇程老师有事，就先到我家坐坐，或抄写唐诗，或复习旧课，有时还教我华英初阶。陶先生用的唐诗本子是向西溪汪采白同学的父亲汪吉修老先生借来的，生怕有所污损，爱护备至。他抄写课文，没有簿本，是把店家用过的老式账簿拆开，翻折过来，装订起来使用。程老师有亲戚在郑村开糖坊，常命儿子程万孚去索取旧账簿来给陶先生用。陶先生在抄写时，非常仔细，不但小字不遗漏，竟连卷首的缮写人、刻工姓名以及"郡城文林堂书坊藏版"等字样也都抄了下来。人家说他是个迂夫子，做事太"一板三眼"了。其实陶先生并不一板三眼，而是要把这个抄本当作副本看待，加以爱护，所以抄写时认真细致，不肯马马虎虎，这正是他一丝不苟的表现。程修之老师颇称赞陶先生工作踏实，有责任心。

后来，我在上海工作，曾听报馆于民说，陶先生的草稿如同清样，易排版，易校对。这样说来，陶先生一丝不苟之风，实可以风人的。

下观而化

徽州府城东门外，上问政山的路口，有一幢县城隍庙，茂林修竹，映带左右，是一个小小的风景区。庙里有一座戏台，台上正中挂着一块横匾，写着"下观而化"四个大字。有一次，我跟陶先生和几个同学前去游玩。我问陶先生什么叫"下观而化"？陶先生说："台上演着劝善去恶的戏文，所谓善有善报，恶有恶报，使台下看戏的人受到感化，存心做好人，这就叫作'下观而化'。但是，如今官绅地痞，鱼肉人民，弄得民不聊生，真是做人难，难做人，这块匾额不过是冠冕堂皇，欺骗人民，束缚人心罢了！"

有一天，我随陶先生及几个同学到郑村糖坊去索取旧账簿。正巧郑村村口搭台演戏，祠堂门口挂灯结彩，灯上贴着"五谷丰登"四个大金字。我问陶先生台上为什么不挂"下观而化"四个字。陶先生说："明明有'下观而化'四个字显现着，怎么看不见呢？"我再仔细观望，实在没有啊。陶先生笑着，领我们到戏台底下穿梭地绕了几个圈，只见台底下摆着十几张方桌，每张方桌围着十多个人，有的坐，有的站，大多是农村人模样，每张桌上摆着一个方铜盒，大家纷纷拿钱下注，原来这里是赌场。这些农人不看台上演戏，专在台底下赌钱。陶先生说："你们看清了吧，今年是丰收年，搭台演戏还愿，庆祝五谷丰登。农民勉强交了地主的田租，缴了官家的钱粮，剩下一点血汗钱，就被吸血鬼勾引来赌博，把钱花掉！”我问“官府为什么不来捉赌呢？”陶先生说：“郑村有个豪绅，他会唱京戏，每次上台客串，轰动各村农民赶来看戏。他勾结官府，趁机公开聚赌，引诱农民，坐收渔利，弄得农民把一年的血汗钱都在赌博上花掉了，这就是真正的‘下观而化’啊！”

白　读

陶先生在离开崇一学堂之前，邀我同到西溪去，把《唐诗》还给汪吉修老先生。这位汪老先生年纪不很大，已蓄着三绺黑胡子，外貌严而有威，实则和蔼，平易近人，说话颇饶风趣。他对陶先生说：“你读了不少唐诗，俗话说得好，不会作诗也会吟，那你很快就要成为一个小诗人了……你最推重的是哪些诗人？”陶先生迟疑了一下，也用风趣的话回道：“我说是 paitu（歙县谐音，普通音 baidu）。”汪老先生听了，奇怪问道：“你读了不少唐诗，怎么到头来说是白读？”汪先生笑眯眯地说：“我说的正是白杜啊。”汪老先生醒悟地说：“啊哟！你真是在说哑谜儿，你原来指的是白乐天和杜子美啊！你对他俩是怎样看法呢？”陶先生说：“他俩诗的风格虽不同，但多感时之作，喊出了人民的呼声。白诗通俗，杜诗沉郁。”简单的几句话，使汪吉修老前辈听了非常感动，连连说：“后生真可畏啊！”

借题发挥

陶先生在离开家乡之前，邀我同去向程实夫先生辞行。我们走到东门外罗家巷口，正值风雨交加，对面山坡竹林被风刮得东摇西摆，一幢孤零零的老屋被笼罩在竹林里，好像是坍塌的样子。陶先生对着这幢老屋高吟道："安得广厦千万间，大庇天下寒士俱欢颜，风雨不动安如山！"我那时听他半吟半唱，不知其所取义。后来我在中学里读到《茅屋为秋风所破歌》，似曾相识，我才理解当年陶先生为了"谁来拯救这个贫穷落后的祖国呢？"发为问题，借题发挥，感慨万千了。

不做人上人，做个人中人

有一次，上海法租界八仙桥徽宁小学举行毕业典礼，校长江振华（歙县新路街人）邀请在上海的安徽同乡到校讲话。被邀请的有许世英（做过安徽省省长）、陶行知以及徽社社员多人。

首先，许世英对毕业生说："今天，你们毕业了，可喜可贺。希望你们继续升中学，升大学，努力学习，别怕吃苦。古话说，吃得苦中苦，方为人上人。你们要争取做个人上人。"

后来，挨着陶先生讲话。他对学生说："你们今天小学毕业了，这是你们用心学习的成果。但是你们千万不能满足，因为你们所学的仅仅是书本上的一点知识，书本之外有更多的知识你们都没有学到，这不能怪老师不教你们，实在是不合理的现行教育制度阻碍了你们。现在有许多劳苦大众，连学校的门也走不进去，真正可惨。你们要努力多求真实的知识，还要帮助广大劳苦人民也有读书的机会。你们学好本领，全心全意为人民服务，要团结群众，依靠群众，如果每个人只顾自己做个人上人，那就是脱离群众了。希望你们要树立同群众打成一片的思想，做个人中人。"

"逃而遁之"

1925 年，美国道尔顿制创始人柏克赫斯特女士到我国各地演讲，宣传道尔顿制教育。某次，柏女士来到上海，由陶先生主持招待，在沪西某西餐厅讲演。那天，翻译是高仁山，他介绍说："道尔顿制，是美国柏克赫斯特女士在美国马萨诸塞州的道尔顿中学试行有效的制度而得名的。道尔顿制适用于中小学，更适合于中学高年级，每门功课都采用实验室制，所以，又叫道尔顿实验室计划。其进行要点有三：①作业室；②功课指定；③成绩记录表。这个实验室计划的道尔顿制已推行及于世界各先进国家了。"

后来，徽社社员在上海福州路一家春徽馆欢迎陶先生当徽社顾问。在座谈中，社员程乐三说："道尔顿制的宣传好似一阵风过去了，久已无人提及，有人说，'道尔顿制'变成'逃而遁之'了（谐音）。"陶先生笑笑说："道尔顿制的优点，是按照各人的程度制定进程大纲，使学生有所依据，自行修习，学生绝对研究自由。只是太重书本，缺少生活实践，所学与所用不免脱节，不脱杜威'教育即生活、学校即社会、先知而后行'的实验主义教育理论的窠臼。而且办学的条件不具备，实行也就不易。这个制度现行于英国，我们可以作为参考。"

文人实相钦

偶然在一张三日刊小报上（可能是《金钢钻》，绝不是《晶报》）看见一段离奇的记载，大意是说：一个大学里有两个教授，一个陶教授，一个陈教授（报上用真实校名、姓名刊出）。陈教授说陶教授学习少，中文根底薄。陶教授说陈教授以堂堂教授之尊，专搞些什么是非法选择法之类的儿童玩意儿，互相讥刺，大有文人相轻之势。我和几个徽社朋友看见了，推测陶先生专写些所谓"引车卖浆""贩夫走卒"一类的诗，可能是讥讽他中文根底差，写不出五言七言的诗来。又因他读书时几次跳级，学习时间少没有学到什么东西。

后来，我问到陶先生，他说："我自问学识根底差，需要多学习，我写诗不是给有闲阶级观赏，而是替劳苦大众呐喊的。我出国留学，是为求得革命知识而学习，是为寻找拯救祖国的贫穷落后的道路而学习的。那些奴化教育，人民不需要的东西就少学了。有人说过，到美国去学农科，要把五百种苹果的名称一一记熟，这是学而无用的。……陈教授是一位儿童教育家，他对儿童心理学和儿童教导法有极深湛的研究。"

据所知，陈教授是极端推重陶教授的人格、道德、学识、能力和才调的。陈教授著了一本《家庭教育》，特请陶教授作序。陶教授称这本书是当时中国出版教育专著中最有价值的著作，说这本书是儿童幸福的源泉，也是父母幸福的源泉，推崇备至，愿天下父母共读之。从这里可以看到，他们俩都是热爱儿童、重视儿童教育，可谓志同道合，心心相印，绝无半点相轻之处，而正是彼此相钦的。那三日刊小报捏造事实，不过是有意中伤，耸人听闻，徒供有闲阶级茶余酒后的消遣而已。

首次三卖艺

晓庄师范的办学方针和教学制度，为国民党政府所不容。蒋介石和宋美龄曾几次到晓庄师范参观，目的是要拉拢陶先生，对他封官许愿，迫使他就范，并使晓庄瓦解。但蒋、宋到了晓庄，全校师生照常工作，不慌张，不奉承。全校师生都是硬汉，不吃嗟来食，不为五斗米折腰。这样给蒋介石以无比的刻骨仇恨，终于在1930年晓庄师范遭到封闭，陶先生遭到通缉，不得已逃往日本，以避其锋。

1931年，陶先生回国，匿居上海，办杂志，设学校，发表政论，号召团结御侮，挽救国难。其时原有晓庄师生的生活大感困难，办学经费支绌，陶先生不得已于1932年12月1日在《申报》第二版新闻前登载"陶行知三卖艺"广告。

三卖艺：卖文、卖字、卖讲，每项十元。

卖艺启事

狐狸有洞鸟有食，乡下先生难度日。

风高难放李逵火，武训讨饭也不易。

自杀不成怕坐牢，从来不演折腰戏。

众谓我曾做书呆，便教出卖书呆艺。

书呆不艺卖与谁？开张岂必有生意。

女生卖艺被开除，先生卖艺可遭忌。

哪里管得这许多，硬着头皮试一试。

陶先生首次卖艺，距今已有50多年了。他的卖艺广告日期，我依稀还能记得，但卖艺诗因年久不能全忆。前年汪原樵同志对我说，他10余岁时，在《申报》上看到陶先生的卖艺诗，越读越有兴趣，不忍释手，就把这首诗读熟，背得出来……当场背给我听，因而补我记忆的不足。

改　诗

1932年的某一天，我正在上海外滩公园散步，只见朋友黄警顽（商务印书馆招待员）领着一些青少年走来，原来是新安旅行团到上海来。黄君替我介绍。旅行团拿出笔记本来请我题词。匆促间我写不出什么，就写了"行行重行行，千里亦容易，吾曹方读书，读书亦如是"四句老诗以应。后来，我把这事告诉了陶先生，陶先生说"用这首老诗，不免空泛。最好见事行事，自己写一首，抒发自己的抱负。"

有一次，我有一个在某校当教师的女朋友生病了，我买了些桂圆、荔枝送给她，并写一首诗，以代慰问。事前，我把那首诗给陶先生看，请他修改。那首诗是：

前见案头一方剂，得悉先生不适意。

三日未存问，下怀正牵记，

奉上桂圆荔枝各少许，千万莫嫌弃。

陶先生看了说："你不送蛋糕、巧克力，而送桂圆、荔枝，这很好。因为桂圆荔枝既可当点心，又可当补药用。但对病人起什么作用最好突出。"他就改动了一下：

前见案头一方剂，得悉先生不适意。

三日未存问，下怀正牵记。

奉上桂圆荔枝各小许，健脾、益肾、养心、补血气。

物轻情意重，千万莫嫌弃。

他说："这样改一下，可以突出桂圆荔枝对病人的作用，病人看了，心旷神怡，乐于接受，增强食欲，病好得快，达到良好的效果。在结构上，突出形象性、生动性，重视语言心理，达到抒发写作的抱负。"

革故鼎新:
平民教育与晓庄岁月

新教育

陶行知

新教育的需要

我们现在处于 20 世纪新世界之中，应该造成一个新国家，这新国家就是富而强的共和国。怎样能够造成这新国家呢？固然要有好的领袖去引导平民，使他们富，使他们强，使他们和衷共济；但是虽有好的领袖，而一般平民不晓得哪个领袖是好的，哪个领袖是不好的，也是枉然。所以现在所需要的，是一种新的国民教育，拿来引导他们，造就他们，使他们晓得怎样才能做成一个共和的国民，适合于现在的世界。举例来说：有一个后母给她的儿子洗澡，所用的水，时而太冷咧，时而太热咧，这就是不能合着她儿子的需要。我们所研究的新教育，不应该犯这个毛病，一定要合于现在所需要的。

新教育的释义

先说"新"字是什么意思？某处人家因为要请客，一切设备家伙，都去向别家借用，用过之后，就去还了，这是客来则新，客去便旧了，不得为根本的新。我们中国的教育，倘若忽而学日本，忽而学德国，忽而学法国、美国，那终究是无所适从。所以新字的第一个意义要"自新"。今日新的事，到了明日未必新；明日新的事，到了后日又未必新。即如洗澡，一定要天天洗，才能天天干净。这就是日日新的道理。所以新字的第二个意义要"常新"。又我们所讲的新，不单是属于形式的方面，还要有精神上的新。这样才算是内外一致，不偏不倚。所以新字的第三个意义要"全新"。

次说"教育"是什么东西？照杜威先生说，教育是继续经验的改造（Continuous reconstruction of experience）。我们个人受了周围的影响，常常有变化，或是变好，或是变坏。教育的作用，是使人天天改造，天天进步，天天往好的路上走；就是要用新的学理，新的方法，来改造学生的经验。

新教育的目的

这目的可分两项来说明：第一对于天然界，要使学生有利用他的能力。例如，我们要使光线入室不须空气的时候，就要用玻璃窗。照这样把所有一切光、电、水、空气等，都要被我们操纵指挥。现在中国和外国物质文明的高下，都从这利用天然界能力的强弱上分别出来的。然而其中也有危险的地方，如造出许多杀人的物，扰乱世界，是万万不可的。所以第二项目的，是对于群界要讲求共和主义，使人人都能自由守着自己的本分去做各种事业。一方面利用天然界，一方面谋共同幸福。可说一句，新教育的目的，要养成这种能力，再概括说起来，就是要养成"自主""自立"和"自动"的共和国民。自主的就是要做天然界之主，又要做群界之主。即如选举卖票一事，卖和不卖，到底由自己的主张。果能自主的人，富贵不淫，贫贱不移，威武不屈，人家有什么法子对付他呢？至于自立的人，在天然界群界之中，能够自衣自食，不求靠别人。但是单讲自立，不讲自动，还是没有进步。还是不配做共和国民的资格。要晓得专制国讲服从，共和国也讲服从，不过一是被动的，一是自动的，这就是他们的分别了。

新教育的方法

此番我从南京到上海，再从上海到嘉兴，一直到杭州来，有种种的方法，或是走，或是坐船，或是坐火车，或是坐飞艇。在这几种方法之中，哪几种是较好，哪一种是最好，而且哪一种是最快，这便是方法的考究。要考究这个方法，下列的几条，应该注意的：

（甲）符合目的。杀鸡用鸡刀，杀牛用牛刀，这就是适合的道理；教育也要对着目的设法。现在学校里有兵操一门，是为了养成国民有保护国家的能力而设的。但是照这样"立正""开步"的练习，经过几年之后，能否达到应战之目的，却须要研究的。

（乙）依据经验。怎样做的事，应当怎样教。譬如游水的事，应当到池沼里去学习，不应当在课堂上教授。倘若只管课堂的教授，不去实习，即使学了好几年，恐怕一到池里，仍不免要沉下去的。各种知识有可以从书上求的，不妨从书上去得来；有不可以从书上求的，那应该从别处去得他了。

（丙）共同生活。在学校中不能共同做事，一到社会也是不能的。所以要国民有共和的精神，先要学生有共和的精神；要学生有共和的精神，先要使他有共同的生活，有互助的力量。

（丁）积极设施。教人勿赌博，勿饮酒，这都是消极的禁止。至于积极的办法，要使他们时常去做好的事情，没有机会去做那坏的事情。在学校之中，常常有正当的游戏运动，兴味很好，自然没有工夫去做别的坏事了。

（戊）注重启发。在学校里并非一面教人，一面受教，就算了事。要使学生的精神意志和能力，渐渐地发育成长。孔子说"不愤不启，不悱不发"，我更要进一步说，使他不得不愤，使他不得不悱。杜威先生也说，教学生的法子，先要使他发生疑问；查出他疑难的地方，使他想种种方法，去解决这个问题；从这些方法之中，选出顶有成效的法子，去试试看对不对。如其不对，就换法子；如其对了，再去研究一下。照这方法来解释同类的问题和一切的问题。所以现在的时候，那海尔巴脱的五段教授法等，觉着不大适用了。

（己）鼓励自治。这便是教学生对于学问方面或道德方面，都要使他能够自治自修。

（庚）全部发育。身体和精神，要全体顾到，不可偏于一面。譬如在体育上，耳目口鼻手足，统要使他健全；在智育上，既要使他自知，又要使他能够利用天然界的事物；在德育上，公德和私德，都不可欠缺的。

（辛）唤起兴味。学生有了兴味，就肯用全副精神去做事体，所以"学"和"乐"是不可分离的。学校里面先生都有笑容，学生也有笑容，有些学校，先生板了脸孔，学生都畏惧他，那是难免有逃学的事了。所以设法引起学生的兴味，是很要紧的。

（壬）责成效率。凡做一事，要用最简便、最省力、最省钱、最省时的法子，去收最大的效果。做这件事，用这个方法，在一小时所收的效果是这样，用别个方法只需十分钟或五分钟，就有这样的效果，那后法就比前法为胜了。照此把时间、精力、金钱和效果的比较选择，可以得出一个最好的法子。

以上所讲，都是新教育上普通的说明。至于新教育对于学校课程等的设施和教员学生应当怎样的情形，休息几分钟再讲。

新学校

学校是小的社会，社会是大的学校。所以要使学校成为一个小共和国，须把社会上一切的事，拣选他主要的，一件一件地举行起来。不要使学生在校内是一个人，在校外又是一个人。要使他造成共和国民的根基，须在此练习。对于身体方面、道德方面、政治方面，凡国民所不可不晓得的，都要使他晓得，那学校便成为具体而微的社会了。我国学校的弊病，不但在与社会相隔绝，而且学校里面，全以教员做主，并不使学生参与。要晓得一社会里的事务，该使大家知道的，就该大家参与；该使少数领袖管理的，就该少数领袖参与。这样不靠一人，也不靠少数人，使每个学生、每个教员，晓得这个学校是我的学校，肯与学校同甘苦，那才是共和国社会里的真学校。

新学生

"学"字的意义，是要自己去学，不是坐而受教。先生说什么，学生也说什么，那便如学戏，又如同留声机器一般了。"生"字的意义，是生活或是生存。学生所学的是人生之道。人生之道，有高尚的，有卑下的；有片面的，有全部的；有永久的，有一时的；有精神的，有形式的。我们所求的学，要他天天加增的，是高尚的生活，完全的生活，精神上的生活。永久继续的生活。进一步说，不可学是学，生是生，要学就是生，生就是学。求学的事，是为预备后来的生存呢？还是现在的生存，就是全体生活的一部分呢？既然晓得教育是继续经验的改造，那么对于天然界和群界，自然受他的影响，天天变动，就是天天受教育，差不多从出世到老，与人生为始终的样子。你哪一天生存不是学？你哪一天学不是生存呢？孔子到了 70 岁，方才从心所欲不逾矩，他是一步一步上进的。凡改变我们的，都是先生；就是我们自己都是学生。以前只有在学校里的是学生，一到家里就不是学生；现在都做社会的学生，是从根本上讲，来得着实，不至空虚。虽山校门，仍为学生，就是不出于教育的范围，所以每天的 举一动，都要引他到最高尚、最完备、最能永久、最有精神的地位，那方才是好学生。

新教员

新教员不重在教，重在引导学生怎么样去学。对于教育，第一，要有信仰心。认定教育是大有可为的事，而且不是一时的，是永久有益于世的。不但大学校高等学校如此，即使小学校也是大有可为的。夫勒培尔研究小学教育，得称为大教育家。做小学教师的，人人有夫氏的地位，也有他的能力；只需承认，去干就能成功，又如伯斯塔罗齐、蒙铁梭利都从研究小学教育得名，即如杜威先生，也是研究小学教育的。这都是实在的事，并非虚为赞扬。我从前看见一个土地庙面前对联上，有一句叫"庙小乾坤大"，很可以来比。况我们学校虽小，里头却是包罗万象。做小学教员的，万勿失此机会，正当做一番事业。而且这里头还有一种快乐——照我们自己想想，小学校里学生小，房子小，薪水少，功课多，辛苦得很，哪有快乐？其实看小学生天天生长大来，从没有知识，变为有知识，如同一颗种子的由萌芽而生枝叶，而看他开花，看他成熟，这里有极大的快乐。照以上两层——做大事业得大快乐——是为一己的，而况乎要造新国家、新国民、新社会，更非此不行嘛！那不信仰这事的，可以不必在这儿做小学教员。一国之中并非个个人要做这事的，有的做兵，有的做工，有的做官吏……各人依了他的信仰，去做他的事。一定要看教育是大事业，有大快乐，那无论做小学教员，做中学教员，或做大学教员，都是一样的。第二，要有责任心。不但是自己家中的小孩和课堂中的小孩，我应当负责任；无论这里那里的小孩，要是国中有一个人不受教育，他就不能算为共和国民。在美国一百个人之中，有九十几个受教育。中国一百个人之中，只有一个人受教育。而且二十四个学生中，只有一个女学生。我们要从这少数的人，成为多数的人，要用多少年的工夫？非得终身从事不行。况且我们除了20岁以前，60岁以后，正当有为之时，没有多少，即使我们自己一生不成，应当代代做去。切不可当教育事业是住旅馆的样子，住了一夜或几夜之后，不管怎么样，就听他去了。那教育事业，还有发达的希望吗？第三，做新教员的要有共和精神。就是不可摆出做官的态度，事事要和学生同甘苦，参与到学生里面去，指导他们。第四，要有开辟精神。时候到了现在，不可专在有教育的地方办教育。要有膨胀的力量，跑到外边去，到乡下地方，或是到内蒙古、新疆这些边界的地方，要使中国无地无学生。一定要有单骑匹马勇往直前的气概，有如外国人传教的精神，无论什么都不怕，只怕道理不传出去。要晓得现在中国，门户边界的危险，使那个地方的人，晓得共和国的样子，用文化去灌输他，使他耳目熟习，改换他从来的方向，是很要紧的。第五，要有试验的精神。有些人肯求进步，有些人只晓得自划的，除了几本教科书外，没有别的书籍。诸君已经毕业之后，还在这儿讨论教育，那是最好的。他人叫我怎样办，我便怎样办，专听上头的命令。要晓得上头的命令，只不过举其大端，其中详细的情形，必定要我们去试验。用了种种方法，有了结果，再去批评他的好坏，照此屡试屡验，分析综合，方才可下断语。倘使专靠外国，或专靠心中所有，那么，或是以不了了之，或是但凭空想，或是依照古老的法子，或是照外国的法子，统是危险的。从前人说"温故而知新"，但是新的法子从外国传到中国，又传到杭州，我们以为新的时候，他们已经旧了。所以，望大家注意，不可不由自己试验，得出真理，方不至于落人之后哩！

新课程

这要从社会和个性两方面讲。从社会这一面讲来，要问这课程是否合乎世界潮流，是否合乎共和精神。学了这课程之后，能否在中国的浙江，或是浙江的杭州，做一个有力的国民。更从个性的一面讲来，谁的事教谁，小孩子的事教小孩子，农人的事去教农人，方才能够适合。我且拿学代数来做个例，看这课程，是否为学生所需要。我有一次对学生发问道："有几多人应用过代数？"那一百人中，只有七八个人举手。又问："不曾用过代数的人举手！"就有九十几个。后再查考那七八个人所用的东西，只需一星期，至多不过一月，就可教了。照这样看来，我们应该有变通的办法。是否为了七八个人去牺牲那九十几个人。那七八个人，或为天文家，或习工业，或学医生，所用代教，不过百分之一罢了。我们不可以为了一个人，去牺牲九十九个人；也不可以为了九十九个人，去牺牲那一个人。总要从社会全体着想，有否其他有用的东西，未列在课程里？或是有用不着的东西，还列在课程里呢？照这样去取舍才行。

新教材

就教科书一端而论，编书的人，有的做过教员，有的竟没有做过教员。就拿他自己的眼光来做标准，不知道各地方的情形怎么样。用了这种书去教授，哪里能适合呢？所以教科书只作为参考，否则硬依了他，还是没有的好。又有一种讲义，当看作账簿一般。社会上各种文化风俗，都写在这账簿上。这账簿有没有用处，或是正确不正确，须要仔细考查。譬如富翁，虽然将他所有的财产，写在账簿上，拿来传给他的儿子，若是不去实地指点他，那几处房子或是田地，是我所有，和这账簿对照一下，他的儿子仍然不晓得底细。也许有几处田地房产，已经卖出；也许有几处买进的，还没有登记上去，总要使他儿子完全明了，那账簿方才有效。要拿教科书上的情形引导给学生看，或是已经变迁的情形，指点他明白。几年前的朝鲜和现在不同；俄国已经分作十几国，更不可以拿从前的来讲。总要明白实际的事情，因为账簿是死的，人是活的，要拿账簿来为我所用，不要将活泼泼的人，为死书所用。要晓得账簿之外，还有许多文化在那里，要靠教科书是有害的。

新教育的考成

我到店里去要一件东西，他拿了别的东西给我，我就不答应了，怎么我要这件，你偏与我那件呢？教育的事，也是这样。要按照目的去考成，方才不会枉费了精神和财力。譬如从农业、工业或商业学校里毕业出来的学生，有几多人在那里做他应当做的事。若是不问他的结果，一味地办去，正如做母亲的人把她的女儿出嫁，不将她长女出嫁的情形，来加以参考，以至于第二第三个女儿吃着同样的苦头，这是因为不考成的缘故。

再有几层，我在别处已经讲过，暂且不说。总之，大家觉得要教育普及，先要认定目的。做若干事，须得若干的代价，绝不是天然能成功的。即就小孩子而论，美国一人需费四元四角五分，中国每人只有六分。试问没有代价的事，能办得好办不好？但这事人人负有责任。我们做教员的，不但教学生，也要想法子使得社会上的人对于教育认为必要。譬如有钱的人，可以教自己的孩子，同时他邻舍的小孩子，因为没得钱受教育。和这小孩子一块儿玩，就把他带坏了。所以单教自己的儿子，还是不中用的。把这种的情形使他们觉悟，人非木石，断没有一定不信的。虽然有些困难的地方，我们总可以用自己的力量去战胜他的。

生利主义之职业教育

陶行知

自本社①标解决生计问题为进行之方针，一般学者往往以文害辞，以辞害意，误会提倡者之本旨。推其原因，多由于不明生计二字之界说所致。唯其不明乎此，故或广之而训作生活，或狭之而训作衣食；驯至彼一是非，此一是非，议论纷纭，莫衷一是。不徒反对者得所借口，即办学者亦无所适从。其隐为职业教育前途之障碍，良非浅鲜。孔子曰："名不正则言不顺；言不顺则事不成。"故欲职业教育之卓著成效，必自确定一正当之主义始。

夫职业教育之成效既有赖于正当之主义，则问何谓正当之主义，生活乎？衣食乎？抑生活衣食之外别有正当之主义乎？

生活主义包含万状，凡人生一切所需皆属之。其范围之广，实与教育等。有关于职业之生活，即有关于职业之教育；有关于消闲之生活，即有关于消闲之教育，有关于社交之生活，即有关于社交之教育；有关于天

---

① 中华职业教育社，1917年成立于上海，主要负责人为黄炎培。

然界之生活，即有关于天然界之教育。人之生活四，职业其一；人之教育四，职业教育其一，故生活为全体，职业为部分；教育为全体，职业教育为部分。以教育全体之生活目的视为职业教育之特别目的，则职业教育之目的何以示别于教育全体之目的，又何以示别于他种教育之目的乎？故生活之不能为职业教育独专之主义者，以其泛也。

　　生活主义固不适于职业教育之采用矣，衣食主义则何如？大凡衣食之来源有四：职业、祖遗、乞丐、盗窃是也。职业教育若以衣食为主义，彼之习赖子、乞丐、盗窃者，不亦同具一主义乎？而彼养成赖子、乞丐、盗窃者，亦得自命为职业教育家乎？此衣食主义之不适于职业教育者一也。不宁唯是，职业教育苟以衣食为主义，则衣食充足者不必他求，可以不受职业教育矣。此衣食主义之不适于职业教育者二也。且以衣食主义为职业教育之正的，则一切计划将趋于温饱之一途。此犹施舍也。夫邑号朝歌，墨翟回车①；里名胜母，曾子不入②。学校以施舍为主旨，则束身自好者行将见而却步矣。此衣食主义之不适于职业教育者三也。凡主义之作用，所以指导进行之方法。若标一主义不能作方法之指针，则奚以贵？故衣食之可否为职业教育之主义，小视其有无补助于职业方法之规定耳。大学校必有师资，吾辈选择职业教员，能以衣食为其资格乎？学校必有设备，吾人布置职业教具，能以衣食为其标准乎？又试问，职业学校收录学生，可否以衣食为去取？支配课程，可否以衣食为根据？衣食主义之于职业教育方法，实无丝毫之指导性质。有之，则吾不知也。衣食既不能为职业教育方

---

① 邑号朝歌，墨翟回车，朝歌是商朝都城，纣王歌舞作乐之地。墨翟非乐，所以一见朝歌就回车。事见《史记·鲁仲连邹阳传》。

② 里名胜母，曾子不入，胜母是鲁国地名。曾参事母至孝，听说鲁国有个胜母里，他就不到那里去。事见《史记·鲁仲连邹阳传》。

法施行之指导，则其不宜为职业教育之主义，又明矣。此衣食主义之不适于职业教育者四也。不特此也，吾人做事之目的，有内外之分。衣食者，事外之目的也；乐业者，事内之目的也。足衣足食而不乐于业，则事外虽无冻馁之虞，事内不免劳碌之患。彼持衣食以为职业教育主义者，是忽乐业之道也。此衣食主义之不适于职业教育者五也。且职业教育苟以衣食主义相号召，则教师为衣食教，学生为衣食学，无声无臭之中隐然养成一副自私之精神。美国人士视职业教育与学赚钱（learning to earn）为一途，有识者如杜威（Dewey）先生辈，咸以其近于自私，尝为词以辟之。吾国当兹民生穷蹙之际，国人已以衣食为口头禅，兴学者又从而助长其焰，吾深惧国人自私之念，将一发难餍矣。此衣食主义之不适于职业教育者六也。是故衣食主义为众弊之渊薮，欲职业教育之有利无弊，非革除衣食主义不为功。

衣食主义既多弊窦，生活主义又太宽泛，二者皆不适用于职业教育，然则果应以何者为正当之主义乎？曰，职业作用之所在，即职业教育主义之所在。职业以生利为作用，故职业教育应以生利为主义。生利有二种：一曰生有利之物，如农产谷，工制器是；二曰生有利之事，如商通有无，医生治病是。前者以物利群，后者以事利群。生产虽有事物之不同，然其有利于群则一。故凡生利之人，皆谓之职业界中人，不能生利之人，皆不得谓之职业界中人。凡养成生利人物之教育，皆得谓之职业教育，凡不能养成生利人物之教育，皆不得谓之职业教育。生利主义既限于职业之作用，自是职业教育之特别目的，非复如生活主义之宽泛矣，此其一。以生利主义比较衣食主义尤无弊窦之可指，故以生利主义为准绳，则不能生利之赖子、乞丐、盗窃与养成之者，皆接于职业教育之外矣，此其二。学校既以生利为主义，则足于衣食而不能生利者无所施其遁避，此其三。父母莫不欲其子女之能生利，职业教育苟以生利为主义，自能免于施舍之性质，自好者方将督促子女入学之不暇，又何暇反加阻力乎？此其四。职业既以生利为作用，吾人果采用生利主义以办职业教育，则生利之方法，即可为职业教育方法之指针，此其五。职业教育既以养成生利人物为主义，则其注重之点在生利时之各种手续，势必使人人于生利之时能安乐其业，故无劳碌之弊，此其六。生利主义侧重发舒内力以应群需，所呈现象正与衣食主义相反。生产一事一物时，必自审曰：“吾能生产乎？吾所生产之事物于群有利乎？”教师学生于不知不觉中自具一种利群之精神，此其七。不特此也，能生利之人即能得生活上一部分之幸福；而一衣一食亦自能措置裕如。不能生利之人，则虽有安富尊荣亦难长守。故唯患不能生利，不患不得生活之幸福与温饱。然则生利主义既无生活主义之宽泛，复无衣食主义之丛弊，又几兼二者之益而有之，岂非职业教育之正当主义乎？

生利主义之职业师资

职业教育既以养成生利人物为其主要之目的，则其直接教授职业之师资，自必以能生利之人为限。盖己立而后能立人，己达而后能达人，天下未有无生利经验之人而能教育人生利者。昔樊迟请学稼，子曰：“吾不如老农。”请学为圃，曰：“吾不如老圃。”孔子岂故为拒绝哉？亦以业有专精，事有专习，孔子之不知农圃，亦犹老农老圃之不知六艺耳。由是以推，无治病之经验者，不可以教医；无贸易之经验者，不可以教商。凡百职业，莫不皆然。故职业教师之第一要事，即在生利之经验。无生利之经验，则以书生教书生，虽冒职业教师之名，非吾之所谓职业教师也。

然职业教师不徒负养成生利人物之责，且负有改良所产事物之责。欲求事物之改良，则非于经验之外别具生利之学识不可。无学识以为经验之指导，则势必故步自封，不求进取。吾国农业数千年来所以少改良者，亦以徒有经验而无学识以操纵之耳。故职业教师之第二要事，是为生利之学识。

兼有生利之经验、学识，尚不足以尽职业教师之能事。盖教授生利之法，随业而异。有宜先理想而后实习者，有宜先实习而后理想者，有宜理想、实习同时并进者。为职业教师者自宜熟悉学者之心理，教材之性质，使所教所学皆能浃洽生利之方法，而奏事半功倍之效。故职业教师之第三要事，为生利之教授法。

准如前说，则健全之职业教师，自必以经验、学术、教法三者皆具为标准。三者不可得兼，则宁舍教法学术而取经验。盖无学术教法而有经验，则教师尚不失为生利之人物，纵无进取良法，然学生自能仪型教师所为，以生产事物。既能生产事物，即不失职业教育之本旨。如无经验，则教授法无由精密，纵学术高尚，断不能教学生之生利。既不能生利，则失职业教育之本旨矣。是故经验学术教法三者皆为职业教师所必具之要事，然三者之中，经验尤为根本焉。

职业教师既以生利经验为根本之资格，则养成职业师资自当取材于职业界之杰出者。彼自职业中来，既富有经验，又安于其事，再加以学术教法，当可蔚为良材，概之收录普通学子，为事当较易，收效亦当较良且速也。

职业教师既以生利之经验、学术、教法三者为资格，则如何养成此种教师之方法，亦在吾人必须研究之列。大概养成职业师资之法有三：（一）

收录普通学子教以经验学术与教法；（二）收录职业界之杰出人物，教以学术与教法；（三）延聘专门学问家与职业中之有经验者同室试教，使其互相砥砺补益，蔚为职业教师。夫经验所需之多少，随职业而异；其需经验较少之职业，利用第一法。如普通师范学校之教师有二三年之经验者，即可作教授之基础。故收录普通学子而养成之，为事甚易。其次，则商业学校教员，似亦可以利用此法。但农工等职业之教师，性质迥异，非富有经验，不足以教生利。舍难就易，似不如采用第二法，精选职业界之杰出者养成之。彼既从职业中来，自必有相当之经验，再教以实用之学术教法，为事自顺。然此法效力之大小，常视国中教育普及之程度为差。其在欧美教育普及之邦，职业中人，大半受过八年之公共教育，既有普通知能以植其基，则于学术、教法自易领悟。中国则不然，教育未普及，农工多数不识文字；既不识文字，则欲授以学术教法，自有种种困难。然而职业界之杰出者，终不乏粗识文字之人。当事者苟能精选而罗致之，则有用之职业师资，或能济济而出也。此外则有延聘学问家与经验家同室试教一法。当今职业师资缺乏，为其备选者，或有学术而无经验，或有经验而无学术，速成之计，莫如合学问家与经验家于一炉而共冶之；既可使之共同试教，又可使之互相补益，则今日之偏才，经数年磨炼之后，或能蔚成相当之师资，岂非一举两得哉？然一班二师，所费实巨，况学术、经验贵能合一，若分附二人之身，终难免于隔膜。故此计虽有优点，不过为过渡时代权宜之策耳。总之，职业教师最重生利之经验，则养成之法，自宜提其要领，因已有之经验而增长之，方能事半功倍也。

生利主义之职业设备

孔子曰："工欲善其事，必先利其器。"无利器而能善其事者，吾未之前闻。职业教育又何独不然？必先有种种设备，以应所攻各业之需求，然后师生乃能从事于生利；否则虽有良师贤弟子，奈巧妇不能为无米之炊何！故无农器不可以教农，无工器不可以教工。医家之教必赖刀圭。画家之教必赖丹青。易言之，有生利之设备，方可以教职业；无生利之设备，则不可以教职业。然职业学校之生利设备可分二种：一、自有之设备；二、利用职业界之设备。但无论设备之为己有，为利用，学生教师莫不可因以生利。故设备虽有己有利用之分，而同为学生教师生利之资则一。余尝游美之麻撒朱赛州①（Massachusetts）视其乡村中学校附设之农业科，多利用学生家中之田园设备，使各生在家实习，命之曰家课（home projects）。教员则自御汽车，循环视察，当场施教。农隙则令学生来校习通用之学术。故校中自有之设备，除课堂点缀以外，实属寥寥无几；校外则凡学生足迹所至，皆其所利用之设备。论其成效则不特设备之经费可省，而各家之农业皆借学生而间接改良之。此盖利用他人生利设备以施职业教育之彰明较著者也。

生利主义之职业课程

职业学校之课程，应以一事之始终为一课。例如种豆，则种豆始终一切应行之手续为一课。每课有学理，有实习，二者联络无间，然后完一

---

① 今译马萨诸塞州。

课即成一事。成一事再学一事，是谓升课。自易至难，从简入繁。所定诸课，皆以次学毕，是谓毕课。定课程者必使每课为一生利单位，俾学生毕一课，即生一利；毕百课则生百利，然后方无愧于职业之课程。职业课程既以生利为主，则不得不按事施教，欲按事施教，则不得不采用小班制。故欧美之职业实习班至多十五人，凡以便生利课程之教授也。不特每课为然，即各课之联络，亦莫不以充分生利为枢机。客有学蚕桑者，学成执蚕桑业，终岁生利之期两三月而已，余则闲居坐食，不数年而家计渐困，卒改他业。此能生利而不能充分生利之过也。故职业课程之配置，须以充分生利为标准，事之可附者附教之，事之可兼者兼教之。正业之外，苟能兼附相当之业，则年无废月，月无废日，日无废时矣。此之谓充分之生利。根据此旨以联络各课，是为充分生利之课程。

生利主义之职业学生

有生利之师资、设备、课程，遂足以尽职业教育之能事乎？曰，未也。学生择事不慎，则在校之时，学不能专；出校之后，行非所学。其弊也：学农者不归农，学商者不归商。吾国实业教育之所以鲜成效，固由于师资、设备、课程之不宜于生利，然其学生择业之法之不当，亦其一因也。大凡选择职业科目之标准，不在适与不适，而在最适与非最适。所谓最适者有二：一曰才能；二曰兴味。吾人对于一业，才能、兴味皆最高，则此业为最适；因其最适而选之，则才能足以成事。兴味足以乐业，将见学当其性，用当其学，群与我皆食无穷之益矣。故能选最适之业而学者，生大利不难，岂仅生利已哉！择业不当，则虽居学习生利之名，而究其将来之生利与否，仍未可必。故欲求学业者归业，必先有精选职业之方法。方法为何？曰，职业试习科是也。职业试习科，包含农工商及其他业之要事于一课程，凡学生皆使躬亲历试之。试习时期可随遇伸缩，多至半载，少至数星期皆可。但试习之种种情形，必与真职业无异，始可试验学生之真才能真兴味。一参假面具则试验科之本旨失矣。试习之后，诸生于各业之大概既已备尝，再择其最有才能最有兴味之一科专习之。彼其选择既根本于才能兴味，则学而安焉，行而乐焉，其生利之器量，安有不大者哉？

结　论

职业学校有生利之师资、设备、课程，则教之事备；学生有最适之生利才能兴味，则学之事备。前者足以教生利，后者足以学生利：教与学咸得其宜，则国家造就一生利人物，即得一生利人物之用，将见国无游民，民无废才，群需可济，个性可舒。然后辅以相当分利之法，则富可均而民自足矣。故职业教育之主义在是，职业教育之责任在是，余之希望于教育家之采择试行者，亦莫不在是。谨贡一得，聊献刍荛，幸垂教焉。

半周岁的燕子矶国民学校

——一个用钱少的活学校

陶行知

燕子矶国民学校的官名叫作北固乡区立第一国民学校，设在南京神策门①外的燕子矶，离神策门约有十三里的路程。这个学校已经开了好多年，但他的新生命的起点是在今年正月。那时丁超调任这校校长，从事改造，为他开一新纪元。我们说他为半周岁，就是为这个新纪元说的。我参观这个学校是和本社乡村教育研究员、东南大学乡村教育教授赵叔愚先生同去的。我们走进这个学校，四面一望，觉得似曾相识。因为我们在这里所看见的都是我们心目中所存的理想，天天求他实现而不可得，不料在这个偏僻的地方遇到，真是喜出望外。现在我要把我们参观所得的，报告出来，公诸同好。

校长是一个学校的灵魂。要想评论一个学校，先要评论他的校长。丁校长是陆军小学出身，并经过甲种师范讲习科的训练。未任本校职务之前，曾在尧化门国民学校充任校长八年，著有成绩。我们看他的人，听他

---

① 神策门，明代洪武间所建南京城十三门之一，1928 年改称和平门。

的话，察他的设施，觉得他是个天才的校长。他能就事实生理想，凭理想正事实。他有事实化的理想，理想化的事实。他事事以身作则。他是教员的领袖，学生的领袖，渐渐的要做成社会的领袖。

这个学校不但教学生读书，并且教学生做事。做什么？改造学校！改造环境！学生是来读书的，教他做事，自己不情愿，父母不情愿。这是第一个难关。教员是来教书的，要他教学生做事，固不情愿，实在也是不会。这是第二个难关。教学生读书易，教学生做事难。如何打破这两道难关？一要身教，二要毅力。丁校长教学生做事的成功也是在这两点。他起初的时候，整天拿在手里的是钉锤和扫帚。所以那时有人讲他是位钉锤校长、扫帚校长。但是久而久之，教员跟他拿钉锤扫帚了，学生也跟他拿钉锤扫帚了。教员变做钉锤扫帚的教员，学生也变做钉锤扫帚的学生了。丁校长于是开始偕同教员学生合力改造学校，改造环境。

校址是在一个关帝庙里，关公神像之外还有痘神、麻神等等。这些神像已经把课堂占去了大半个。丁校长一方面要教课堂适用，一方面要免去地方反对，就定了一个保存关公、搬移杂神的计划。他就带领学生为关公开光，把神像神座洗刷得焕然一新，并领学生们向关公恭恭敬敬地行礼。他再同教员学生把这些杂神的神像移到隔壁的庙里摆着。他们又把那个庙打扫得干干净净，把这些杂神安排得妥妥当当，大家也行个礼。杂神搬出之后，这个课堂又经过了一番洗刷，加了些灰粉，居然变了一个很适用的教室。村里的人看见关公开了光，杂神安排得妥当，又听见学生报告向神行礼的一番话，不但不责备校长，并且称赞校长能干。

校内干好了，进而求环境的改良。燕子矶即在近旁，他就带领学生栽树，从门口栽到燕子矶顶上，风景一变。造林场栽树，十活一二。丁君栽树，栽一棵活一棵，也是他从经验中得来的。燕子矶坡上因有人时倒垃坂，太不洁净，丁校长就领学生们把所有的垃圾扫除一空。村民不知卫生，仍是时常把垃圾倒在此处。但村民一面倒，他就一面扫；村民倒一回，他就扫一回。后来邻居渐渐地出来责备倒垃圾的人，燕子矶头从此清洁了。

教学生做事的第一个影响就是全校无事不举；屋角上，桌缝里都可以看见精神的贯注。第二个影响就是用不着用人做事：打扫、泡茶，及一切常务都是大家分任，所以这个学校没有门房，没有听差，没有斋夫。第三个影响就是学生得了些合乎生活需要的学问：学生在学校里既肯做事，会做事，在家里也肯做事，会做事了，父母因此也很信仰学校了。第四个影响就是省钱：这个学校连校长有四位职员，五级学生共有 124 个人，但每年只花费公家 624 元钱，平均每个学生只费五元钱，学费是一文不收的。这是何等的省钱啊！省钱不为稀奇，省钱而有这样的成效，却是难能可贵的。

公家经费只有此数，设备一项宜乎因陋就简了。然而照我们所观察，比同等的学校好得多。就图书而论，这个学校里有教员参考书 20 余种，学生读物 40 余种，可谓选得妥当。

我见学生读物摆得有条有理，就问他买书的钱怎样来的。校长说每逢年节、午节、秋节，学生例送节敬，我们却之不情，就拿来买些书给大家读读。再，学生有一种储蓄买书的办法：每天储蓄一两个铜板，我们就把这笔钱拿来代学生买书。这是一种大家买书大家看的办法。每人出几角钱，就可得几十块钱的书读。出校的时候，学生还可把自己的书带回去，这是穷学校阅书最好的办法。

我再举一个例。学生喝茶的茶杯总要每人一个才合卫生之道。平常小学都是用公共茶杯，很不妥当。燕子矶国民学校却是每生一个茶杯。每人从家里带一个茶杯来，放在学校里，自己洗，自己管，自己用。茶水每人每星期出铜板两枚合办。茶水是公共的，茶杯是个人的，都是由学生自备的。

这个学校的教职员是很勤劳的。校长自己也教四堂。校长薪金每月20元。教员薪金14元的一人，12元的一人，6元的一人。他们星期日只放半天学，暑假完全不放，学生在学校里补习各种家常实用的功课。燕子矶多水，父母不放心，所以不大愿意学校放假。学校肯得依从父母有理性的心理，所以很得社会信仰。

平常办学，学校自学校，社会自社会，不要说联络，连了解也说不到。丁校长接事只有半年，对于燕子矶社会情形，了如指掌。他并能得地方公正绅士之信仰和帮助。学校因此无形中消除了好多障碍。

这个学校还给了我们一个很重要的暗示：乡村学校最怕的是教职员任职无恒，时常变更。在这种情形之下，研究、设施都不能继长增高，真是可惜。丁先生所以能专心办学，一部分也是因为他的夫人能够和他共同努力。他的夫人也是本校的教员，特别担负女生的责任。他在这里服务是带一半义务性质。他们所组织的俭朴家庭同时是乡村家庭的模范。我想未来的乡村学校最好是夫妻合办。如果男师范生和女师范生结婚之后，共同担负一个小乡村的改造，也是人生一大快事，并是报国的要图。

我们再看看这个学校普通的进步：去年校中只有学生78人，今年已经加到124人；去年女学生寥寥无几，今年因丁夫人①之教导，已经有30余人了；去年本地有私塾四所，现在只有一所了。由此可见这半年进步敏捷之一斑。

---

① 丁夫人即丁超夫人。

现在办学的时髦方法：一是要求经费充足。有钱办学不算稀奇，我们要把没有钱的学堂办得有精彩，才算真本领。二是聘请留学生做教授。有西洋留学生更好，西洋留学生中有硕士、博士头衔的更为欢迎。这个偶像是要打破的。像燕子矶这样一个学校，西洋博士能否办得起来还是一个问题；容或办得起来，我却没有看见过。

这个学校是有普遍性的。他可以给一般学校做参考。他也有缺点，但只是时间上的问题。我们很希望大家起来试试这种用钱少成绩好的活教育。

叔愚先生和我对于这天的参观，觉得快乐极了，也受了无限的感动。回时路上遇了大雨，一身都是水了。只听着叔愚先生连说："值得！值得！值得！"

在南京燕子矶小学

毛遂之

陶先生原名陶文俊，慕王阳明知行哲学，改名陶知行，创办晓庄师范后，从实践中认识了"行是知之先，知是行之成"，于1934年7月，在上海报纸上公布，改名陶行知，陶行知是我国的一位伟大的人民教育家。他早在担任中华教育改进社总干事职务（1920—1927年）时，即探索改进中国教育的道路，他当时写的《中国教育之改造》一文，指出中国教育走错了路；始而学东洋，拉东洋车；继而学西洋，拉西洋车。弄得学生们读死书、死读书，读书死；脱离实际，韭菜与麦子不分；只知吃饭，不知种田，只知穿衣，不会种棉。他提倡教、学、做合一的理论，就是教的法子，根据学的法子；学的法子，根据做的法子；事情怎样做，就怎样学，也就怎样教。以做为中心，教师在做上教，学生在做上学，从实际出发，走自己的路。他恓恓惶惶，无间寒暑，奔走全国各地，调查考察，研究探讨，把他的考察所得，形成教育思想，登台演说或公之报端，唤起国人注意。记得1924年夏季，笔者服务于南京燕子矶小学，陶先生和当时任东南大学乡村教育系主任的赵叔愚，一同来小学参观，参观后，他写了《半周岁的南京燕子矶小学》一文，发表在申报《教育与人生》上，对该校校长丁超的办学精神与办学方向，颇多嘉许。他指出燕子矶小学实行师生共同生活，学校的一切校务劳动如校舍修缮、环境卫生，以及简易的校具、教具制作等等，都由校长、教师率领学生去做，这种不仅教学生读书又教学生做事的办法，是为"生活教育"，在一般学校里，尚属罕见。其次，还指出燕子矶小学师生，不仅办学校教育，还以学校为中心，逐步改造封建、闭塞、落后的乡村社会。如全校师生在燕子矶山上植树造林，开辟道路，建立公园，使荒凉、污秽的燕子矶变为整齐清洁、江山并美的滨江公园。又如全校师生在镇上空地修建菜场，使农民上街卖菜免受日晒雨淋之苦。以及利用旧茶馆说新书，逐步移风易俗等。此外，指出丁超夫妇办学，达到学校家庭化、家庭学校化，这对当时一些小学教师特别是乡村小学教师视学校如传舍，存五日京兆之心的状况，起着一定的改善作用，教师们也安心多了。陶先生还作了一首《村魂歌》，序言说："丁兆麟先生主办南京燕子矶小学，异军突起，别具精神，其夫人王经衡女士亦有力焉。因作俚词一首，以歌其事。"歌曰：

男学生，女学生，结了婚，作先生。哪里作先生？东村或西村，同去改旧村。同去造新村。旧村魂或新村魂，一对夫妇一个魂。

《半周岁的南京燕子矶小学》一文发表后，对当时的教育界，影响很大。而后陶先生即建议中华教育改进社（社址在北京）特约燕子矶小学为中华教育改进社的乡村特约学校，聘丁超为乡村教育辅导员。其任务是考察各地乡村学校，对于具有条件或稍有条件的补助必要的经费，使其充实设备，补充人力，加强师资。先从南京郊区做起，然后扩大到苏南地区。计先后成为中华教育改进社乡村特约学校的有：尧化门小学、笆斗山小学、索墅小学（在南京中华门外）以及无锡的河埒口小学等。陶先生经常到这些学校去辅导，帮助改进和发展。

大约在1925年冬季，陶先生组织各乡村特约学校互相观摩，以取长补短。先由无锡河埒口小学到南京参观燕子矶小学、尧化门小学、笆斗山小学、索墅小学，接着是南京的这四个小学联合去无锡参观河埒口小学及其附近地区的乡村学校。经过观摩促进，确实收到不少提高的效果。

在这段时期里，陶先生经常住在安徽公学（即现在的南京六中）和燕子矶小学，很关怀社会上青年的动态。其时军阀混战，政治腐败，民不聊生，学生们毕业即失业，精神苦闷，往往悲观失望，走向自杀的绝路；而燕子矶兀立长江之滨，水急浪滚，在矶头俯身下跳，即葬身江流，不可挽救，成为失意青年寻短见的去处。陶先生目击心伤，亲自撰写特大醒目的标语牌两块，树立在燕子矶的悬崖处，文曰："喂！请想一想，人生为一大事来，应当做一大事去，你年富力强，有国当救，有民当爱，岂可轻死？！"另一块写着"你与其为个人的事情而死，何如为中国的乡村教育事业努力而死的好呢？"

其时，有一个惯匪，诨名叫朱拐子，结伙带徒，打家劫舍，贩卖人口，谋财害命，横行于江宁、江浦、六合及安徽乌江、和县、含山一带。燕子矶，也是他常来作恶的地方。燕子矶居民听说朱拐子来了，店铺提前打烊，住家户提前关门。他作案累累，出没无常。有一次，他带了一伙匪徒，来到燕子矶，占据燕子矶小学校门前场地上摆威行凶，破坏学校的建设。学校教职工与他讲理，他声言要烧掉学校，打死校长。丁超把这个情况告诉陶先生，陶先生不畏强梁，仆仆风尘，一面组织受害群众向军警机关控告：一面通过江苏省教育厅，呼吁省长公署饬令治安部门惩办。在陶先生的努力下，终于把朱拐子拿获枪决，为民除害，大快人心。

陶先生曾领导各特约学校教师，制订了乡村教育信条十八条。大体有如下的内容：

> 我们深信教育是国家的万年根本大计。
>
> 我们深信乡村教师应当具有农夫的身手，科学的头脑，社会改造的精神。
>
> 我们深信乡村学校应当是改造乡村社会的中心；乡村教师应当是改造乡村社会的灵魂。
>
> 我们深信乡村学校应该实行师生共生活，共甘苦。
>
> 我们深信乡村学校应该实行教、学、做合一的教育制度。
>
> 我们深信乡村学校应该用最少的经费，办理最好的事业。
>
> 我们深信经过我们的努力，必将为我们民族创造一个伟大的新生命。

陶先生在燕子矶小学的日子里，经常对我们说，中国人口有百分之八十是农民，要解决中国的问题，就要先解决中国农民的问题。就我们的职责来讲，也就是要办好乡村教育。他说，目前的任务，至少要造就百万乡村教师，培养有农夫身手、科学头脑、社会改造精神的人才。现在即以燕子矶小学为基地，筹办试验乡村师范，这个学校是史无前例的。因为是试验性质，所以冠以"试验"二字，于是由丁超先生约同当地农民四五人，在小庄（后改名为晓庄）购置地皮，筹建校舍。当时，陶先生对丁先生指出，购置地皮不要妨碍农民耕种。根据这个原则，就选了小庄附近的老山（属幕府山脉）等数座山头和山坡，蜿蜒曲折，连成一片，作为校址。同时，在燕子矶小学筹划招生考试工作。在《乡教丛讯》（中国最早的乡村教育刊物）上，登出招生广告，大意说：凡是愿为中国乡村教育努力的有志青年，都欢迎前来报考。报考的资格，从初中文化起直到大学程度不限；但是，希望小名士、书呆子、文凭迷这三种人不要来。因为这个学校是读活书、做实事、没有毕业、不发文凭的。

参加筹办晓庄师范学校的教师（其时称为指导员）有赵叔愚、姚文采、邵仲香、杨效春、马绍季、吕镜楼、于树声、韩××、丁超、潘遗尘、宋鼎等。第一期来应考的青年有北京清华大学的操震球，上海中华书局编辑程本海，常熟的李楚材，杭州的王琳，武汉的谢伟荣，镇江的韩度，安徽的李相维，江西的陈昌嵩、斐志发等17人。他们是在风雨交加、兵荒马乱的情况下，会集到南京燕子矶小学里来参加笔试和口试的。第二天清晨，即到小庄去参加建校劳动。开学典礼就在小庄的田野里举行，特请附近的农民牵着耕牛参加。陶先生说，我们试验乡村师范，要向传统的教育宣战；没有现成的校舍，我们以天地为学校，校舍要由我们自己去建造。我们师生要从野人生活出发，向极乐世界探寻来学习"活"的知识。我们这个小的村庄要与大的世界沟通，等等。接着耕牛比赛在进行，应考学生在翻土挑粪，满山遍野竖立着白底红字的乡村教育信条大标语牌，留声机播放着乐曲，校旗在春风中招展，附近农村的男女老幼参加赛会似地熙来攘往，小庄破晓了，晓庄沸腾了，中国新教育的黎明，晓庄试验乡村师范学校诞生了！

这时候，正值我国第一次大革命，北洋军阀褚玉璞盘踞南京，为非作歹，鱼肉人民。国民革命军顺江而下，势如破竹。燕子矶地处大江之滨，为南北交通要道，为败兵溃退时必经之地，怕的是军阀败兵，焚掠骚扰。

陶先生目睹此情景，即组织燕子矶小学师生和社会人士，在燕子矶小学成立红十字会收容所，收容燕子矶一带乡民中的老弱妇孺。在溃兵过境最紧急的时刻，陶先生亲自率领大家值岗放哨，传递情况，护卫人民的安全。迨国民革命军抵达燕子矶时，陶先生又率领我们去欢迎。（记得其时国民革命军张贴在燕子矶镇的第一张安民布告，署名的是第二军军长谭延闿，政治部主任林伯渠。）

但是，国民革命军占领南京不久，蒋介石就扯下革命的假面具，在上海进行"四一二"大屠杀，与人民为敌。对晓庄乡村师范这样一个颇富创造性的教育事业，他也不放过，进行百般阻挠，百般折磨，并在1930年以莫须有的罪名，封闭了晓庄师范，逮捕屠杀革命师生。陶先生被通缉，燕子矶小学遭到株连，被查抄摧残，校长丁超被捕下狱。

晓庄师范学校忆往

刘季平

晓庄师范学校是陶行知先生于 1927 年创办的，原名叫"试验乡村师范学校"。由于地点在晓庄，后来大家就简称为晓庄师范或晓庄学校。我是该校第三期学生，1928 年春天进去，1930 年初离开的。以后断断续续与陶行知先生有些联系，但主要接触还是 1928 年、1929 年这两年。

我到晓庄并不是因为对陶行知先生的教育思想有什么认识。他主张"生活即教育，社会即学校"，强调"教学做合一"，当时他还只提倡乡村教育，希望能培养 100 万个乡村教师，办 100 万个乡村学校，改造 100 万个乡村，以此来救中国。我去晓庄师范学校前，已经加入中国共产党。大革命失败以后，由于在家乡被学校开除，听说陶行知先生办的晓庄学校比较自由，又不需要花很多的钱，于是我们有几个党员就一起到了晓庄学校。党的组织关系也转到中共南京市委。当时，除了我们县去的几个共产党员外，浙江、湖南、河南、北京等地也有一部分共产党员、共青团员陆续来到晓庄。1928 年夏，我们建立了党支部和共青团支部。

支部成立后，我们对晓庄学校的情况和陶行知先生的思想进行了分析研究，当时得出两点看法：一是认为陶行知先生的教育思想是改良主义的（那时还不懂得什么是实用主义）；二是认为他这个人和他的办学方法都是资产阶级自由主义的。陶行知先生比较开明，比较放手，学校的环境相当自由，不讲究正规上课，让学生自己学习，对学生的政治思想也不大过问。同时我们也看到，尽管陶行知先生的教育思想是改良主义的，但他不仅要救中国，还强调"锄头、锄头要革命"（搞了一个校歌叫《锄头歌》）。而且公开反对旧教育，强调"教学做合一"，与我们提倡的理论与实践相结合似乎还有一点相似之处。所以支部决定，暂时不反对他的改良主义，而要利用那里的自由环境来开展我们的工作（那时候我们还不懂得统一战线，只是根据当时的具体情况决定的）。我们也分析了当时晓庄师范学校的各种政治派别。那时学校里人数还不多，不到 100 人，大部分人是因为赞同陶行知先生的教育思想，慕名而去的。也有少数人有不同的政治背景，有几个是蒋介石派的国民党员，有个别是国民党改组派，其中最突出的似乎是国家主义派，他们人数虽然不多，影响却比较大。有个叫杨效春的是国家主义派，当时担任学校生活指导部主任，他不仅管生活，还管整个教育，实际上是陶行知先生下边的第二把手，势力比较大，又最落后、最反动。于是我们就决定首先反对国家主义派。当时我们这样做有不少同情者，由于国家主义派跟西山会议派一样，当时是最臭的，其他各派人提起国家主义派也无不摇头，学校的第三把手张宗麟先生，也反对杨效春，因此我们能够联合多数人，在 1928 年夏天，就把杨效春赶走了。这样，国家主义派在晓庄学校就抬不起头了。

当时南京附近的社会秩序不好，我们看到陶行知先生与冯玉祥的关系比较好，而当时国民党的军政部长、卫生部长又都是冯的人，于是我们便向陶行知先生建议，搞一个"联村自卫团"来维护社会秩序。实际上我们党内的想法是想利用这个"联村自卫团"开始搞点武装。陶行知先生也赞成。于是通过冯玉祥的关系搞了一批枪，几箱子弹，成立了"联村自卫团"。请了一位武术教师当总指挥，我任副总指挥。不过这个小武装的主要成员多是晓庄的学生，还没有能把工作做到乡村农民中间去。

当时蒋介石的国民党在晓庄地区成立了一个区党部，他们在晓庄也是不得人心的。在学校里，陶行知先生本人和不少学生都对蒋介石不满。这样我们又逐渐形成一个反对国民党区党部的联合战线，利用各种机会来搞臭国民党，扩大了革命的势力。

从 1928 年下半年到 1929 年，我们的势力大大地发展了。共产党员和共青团员合起来差不多有二三十人，还能够号召一部分群众跟我们走。同时，因为陶行知先生的教育思想，有许多新的特点，这个学校在全国的影响就越来越大了，不少地方派了人来学习，有的还长期住校参观。并有许多地方来请陶先生派人去当教师、办学校。这也就给了我们在各方面的工作很大方便。

学校里有些老师也瞧不起国民党。一次，有名的生物学家秉志先生（当时兼任晓庄学校的生物教师）带我们到燕子矶去上课，正好蒋介石带了几个人到这里来游玩，秉志先生看见蒋介石来了，理也不理，继续讲课，蒋介石也无可奈何。以后有人和陶行知先生谈起这件事，他听了之后哈哈大笑了一阵就过去了。虽然陶先生不知道他的学校里有共产党的地下支部，但是学校里这些人办的事情他都是知道的，有些事他是公开支持我们的。像"联村自卫团"，是他出面搞的，他自己也参加进来了。有些行动他本人虽然没有参加，但也不反对，有时还说句把话来支持我们。这样，我们党的势力在晓庄学校里就渐渐大了起来。

到了 1930 年，南京地下党已经恢复到有些基础了。中央大学，金陵大学，几个工厂、中学，都有了党、团支部。原来在国共合作时期有些在警察局、宪兵队里面工作的老党员，还没有被敌人发觉的，也都发展了秘密支部。黄包车工人、浦镇工人也有了支部。当时，立三路线虽然没有正式形成，但党中央已经提出"争取公开活动"的方针。在上海成立了"自由大同盟"。我们南京的各支部也发动了几百人，利用星期天的时间，在晓庄学校附近的山头上召开了成立"南京自由大同盟"的大会。并且把我调到南京市委去工作，这样我就离开了晓庄学校。

1930年3月底，在"争取公开活动"的口号下，爆发了和记洋行的工人斗争。和记洋行是英国资本家办的蛋厂，资本家压迫工人很残酷，市委决定组织群众支援和记洋行的工人斗争。正好当时又有日本军舰在下关停泊，于是我们提出了两个口号：一是支援和记洋行工人斗争；二是反对日本军舰停泊下关，并且决定在4月5日这天举行示威游行。南京市委派我负责组织这次行动。

这时期，我们能组织的力量并不太多，几个大学、中学都不能来很多人，加上工人支部能动员的人，总共不过几百人。只有晓庄学校的支部，在支部书记石俊同志的领导下一号召，就去了100多人。但在中央大学的操场上集合后，准备游行到和记洋行和下关码头去的队伍，仍然不到1000人。不过人数虽然不多，在当时已经把国民党吓坏了。他们立即下令关闭通往下关的城门。我们在城门口找到派出所所长，逼他交出钥匙，他不肯交，这样顶了一个多小时。由于城里的人出不去，城外的人又进不来，加上一些看热闹的人，这时就聚集了一大群人，我们就对他们进行宣传。后来派出所所长被逼得没有办法，只好交出钥匙，让我们出去了。这样一闹，城里城外的人都跟着我们走了，几百人的队伍顿时变成了上万人的队伍。到了和记洋行后，国民党军警已把洋行的大门关上，并在房顶上架起了机关枪，大家只好集中在和记洋行附近的煤炭码头上，真是人山人海，挤得水泄不通。这件事成了当时国民党首都前所未有的一件特大事件。

对于这件事，国民党当局开始时没有觉察到是共产党领导的。由于晓庄学校去的人最多，而晓庄的学生又都穿着草鞋，大家一看就知道。再加上当时正值汪、阎、冯召开扩大会议，准备打内战，蒋介石知道陶行知先生与冯玉祥的关系一向较好，那里又有个"联村自卫团"，是冯玉祥给武装的，误认为我们这次行动是陶行知先生响应冯玉祥组织的反蒋活动，于是很快派一个连去封闭晓庄学校，并下令通缉陶行知。后来国民党虽然发现那是共产党组织的，没有再追陶先生，但还是坚持封闭了晓庄学校。因为晓庄学校没有围墙，面积较大，国民党派来的这一连人只能住一部分房子，晓庄的学生也只撤离了一部分。这时晓庄的党团支部也仍进行了一系列的活动，并且留下几个党员做这个连和农民的工作。还组织了一些学生到教育部去请愿，要求恢复晓庄学校，但是没有成功。

4月下旬，我们党又派来新的市委书记。一来就叫合并党团组织，成立"红五月行动委员会"，着手准备组织5月30日的罢工、罢课、罢市、罢操、罢岗。实际当时我们的基础并不很大，要全面组织"五罢"是不可能的，只能拼命地干。5月下旬，我在金陵大学发动学生时当场被捕，被送到了苏州的高等法院。后来立三路线正式做出了决定，又进而准备组织规模更大的南京暴动，从而在蒋介石的白色恐怖下造成了很大的牺牲。到1930年秋，仅晓庄学校的学生就有十多位同志在准备南京暴动时，被国民党反动派杀害在雨花台。这些同志虽然是由于执行了错误路线而牺牲的，但都正气凛然，死得十分英勇。如晓庄师范附设晓庄中学的一位学生叫袁咨桐，是共青团支部书记，是黄齐生老先生的义子。他被捕后，黄老先生托卫戍司令谷正伦的老婆去说情（谷的老婆是黄老先生的学生），谷正伦夫妇把袁咨相带到黄老先生跟前，说一定要写自首书才能释放，他坚决不写，这个小同志当时才 17 岁，最后还是英勇地牺牲了。其他几位同志也都坚强不屈，英勇就义了。

陶行知先生后来虽然知道了他的学校是由于我们党组织的活动而被封闭的，但从来没有公开埋怨过我们。相反地，他对国民党却更不满意了。对于晓庄学生中被敌人收买了的一个叛徒，他深为痛恨。

这以后，陶行知先生在上海办了一个"自然学园"，好像是想搞科学救国。我们有时写文章批评他，他只写信作了一些必要的说明。我们在上海搞"教联"活动，生活很艰苦，他有时还借点钱给我们。1932 年我第二次被捕，他知道后，很快就请了一个律师来营救我，这都说明他有宽宏大量的美德和很高的正义感。

陶行知先生搞科学救国的时间并不长，大概在 1932 年开始办山海工学团，强调"工以养生，学以明生，团以保生"。到"一二·九"运动前后，他的思想就进了一大步，积极参加了救国会的工作，成为救国会的领袖之一。我们党在上海的"教联"也和他们联合起来，成立了"国难教育社"。1936 年他代表救国会到欧美各国去宣传抗日救国。回来后，更采取积极态度，加深了和我们党的联系，特别是与周恩来同志、邓颖超同志建立了相当密切的友谊关系。听说他还写过这样的诗句："延安一片弹丸地，全国人心之所寄。"

武汉失守后，陶行知先生在桂林正式成立了生活教育总社。他本人在重庆办育才学校。那时虽然他已经知道我是共产党员，我也曾用"满力涛"的笔名写文章批评过他的教育思想，但他还是选我担任了生活教育社的常务理事。

陶行知先生在中国教育史上是有特殊地位的，他逝世时毛主席曾为他题词:"痛悼伟大的人民教育家陶行知先生!"

陶行知先生的教育观点起初受过杜威的影响，但很快他就把杜威的"教育即生活"改为"生活即教育"。后来又发展到抗日民主教育，是有进步的。从哲学思想来看，他原先的根子是实用主义，与我们所提倡的理论与实践相结合不一样，但是后来显然有了相当大的进步。不少人把他看成是杜威的信徒，有人说他是从左边站出来的实用主义，胡适是从右边站出来的实用主义，我看都不大对。在批判电影《武训传》时，有人联系批评了他，实际上，他虽然像武训一样靠募捐的手段来办学，但武训办学是为了维护封建统治，灌输奴才教育，而陶行知先生却是为了唤醒民众，搞的是人民教育。从开始的平民教育、乡村教育到后来的抗日民主教育，都是与武训有本质上的区别的。

有些国外人士把我看成是陶行知先生的学生，又是他的批评者。日本学者斋藤秋男先生，由于我们当年在晓庄师范的地下支部有些活动，就看成共产党和陶行知先生"一起管理了晓庄师范"，更与事实有很大出入。事实上我们当年的活动有的并不能代表整个党。我个人以前的有些看法也限于当时认识水平，有待深入研究。

江乃文 记

先生二三事

洪 桥

陶行知和"山芋总统"

陶行知在晓庄办学时，为宣传科学种田，经常举办各种农产品展览，并邀请农民参加，这是他的生活教育的一个方面。他明确地宣告：乡村教师要有农夫的身手、科学的头脑、艺术的兴趣和改造社会的精神。所以，这些农业"试验"和"展览"，实际上也就是他着手改造乡村的一项重要内容。

1928年秋，陶行知要大家把收获的山芋拿来比一比，看谁种的大，还风趣地说："谁种的山芋大，谁就是大王，我要写个匾送给他。"结果，农事指导员邵仲香[①] 种的山芋最大。邵仲香有一个山芋王重达16斤，亩产量比农民高二三倍。农民们看了都笑逐颜开，啧啧称赞。陶行知请他

[①] 邵仲香，字德馨，1893年生，江苏兴化人，1921年金陵大学农学院毕业，后任金陵大学农业经济系教授、江苏省文史馆馆员。生平著译甚多，有《农业经济学》（商务版）、《棉花生产问题》（科学出版社版）等。

介绍经验，他就把自己怎样科学地选种、育苗、栽插，以及管理方法等等都讲了，陶行知特别感兴趣的是他讲的栽插法。邵仲香说："底下安根，上面出头，山芋才可活。"陶行知琢磨着："这'出头'两字说得太好了。'出头处要自由'，农民不出头，大家哪来自由呀？这个道理叫他一点，我悟出来了。"以后，在关于《平等与自由》一篇演讲中，他还特意讲到这件事，足见陶行知是很善于学习的。

陶行知送给邵仲香的这个"匾"，实际上只是一张他亲笔写的宣纸横幅。有趣的是，下有几行小字注云："仲香兄在晓庄种山芋，有一个硕大无比，农民称之为山芋大王，我因大王二字有复辟之嫌，乃改称总统，似较摩登，不知大山芋先生以为然否？"这既是对几年前北洋军阀政府所闹竞选总统把戏的嘲笑，又是对蒋介石封建王朝的讽刺，一箭双雕，有使反动派啼笑皆非之妙趣。

陶行知是这样一个人：凡有真知识、真学问的人，不问有无学历，他都很尊敬。他要打破传统死背书本的教授法，就特地创造一种新的教学法。比如，讲蛇的时候，他就把捉蛇的请来，教认识蛇，教认识治蛇，教认识治蛇咬伤的草药；把挖草药的请来，教认识各种中草药；把种花的请来，教种各种花木的方法；把中国科学社的专家请来，教辨别科别、定学名，采集动植物，制作标本。像邵仲香这样一位学有专长的农学家，便也是这样由他亲自请来的。

晓庄开办后，陶行知想找一个肯在"做"字上下功夫的农学家来做指导，搜求好久，没有找到，后经赵叔愚推荐，才找到邵仲香。邵那时在金陵大学办农场，因引进美棉良种，颇著声名。当时金大学农的人，毕业后都做官去了，唯独邵仲香穿一身农民衣服在搞农业，这使陶行知非常钦敬。他们在明孝陵长谈了半日，志趣相投，一拍即合。不久，邵仲香就辞去金大教授职务，并且丢掉自己办的一个小型农场，到晓庄来了。邵仲香说，吸引他到晓庄来的，是因为他非常敬佩陶行知的为人。有一年，他在江宁师范听陶行知讲平民教育，当讲到中华民族中最不幸的农民时，陶行知不禁泪如雨下，这给他留下极深刻的印象。所以，陶行知这次来请他，他很乐意地就一口答应了。

邵仲香说，这个"匾"，他很珍惜，把它裱好一直张挂在自己的卧房内。1951 年他在晓庄师范工作时，连同许多珍贵书籍、日记，不幸一并失落了。托人去问，迄今没有踪影。

陶行知和生物小组

晓庄学校没有呆板的上课制度，也不完全按照书本去讲课，而是根据各人不同的兴趣，把学生编入自然科学、社会科学、农艺科学和文学艺术等不同小组，在专家指导下，引导学生刻苦自学。分组之目的，在使各人依照自己的才能兴趣进行实地研究，俟研究有得，然后公诸全体，俾大家都能得益。陶行知说"这种办法如果彻底地干下去，则每个人可有一艺之长，而普通学识亦可在水平线以上"。

搞得最好的，要数自然科学组所属生物小组。

陶行知真有办法，他把生物小组挂在中国科学社生物研究所的招牌下，并且特请该所所长秉志（农山）来作顾问兼讲课，这给同学们很大的鼓舞。这位留美八年的著名生物学家，非常热心支持陶行知的事业，他不但指派自己最得意的学生曲仲湘①经常来作具体指导，还拿出自己的一部分薪金充作学校经费。陶行知办学，志在建设一个新农村，这使两位先生非常钦佩。陶行知同他们经常商谈生物科学发展问题，因此在两位心目中留下非常深刻的印象。

曲仲湘喜爱晓庄和自己的学生，他长住学校，经常和同学们在一起学习和劳动，有时也把生物组的同学带到生物研究所去参观、实习。他和秉志老师一样，也是一心扑在自己的专业上。几年前，他听说陶行知要创办一百万所乡村师范学校，以改变我国农村贫穷落后的面貌。这一宏伟目标，在他心里曾经激起多少次欢腾跳跃的浪花啊！他来自贫苦的河南农村，刚进入江南第一流大学——东南大学生物系时，感觉就像刘姥姥走进大观园一样，一切都很新奇，而陶行知的伟大人格和风范尤其使他倾倒。他万万没有想到，自己大学刚毕业就能同这位伟人相见，并能成为他所创办的一所新型学校的教员，他感到非常荣幸和自豪。曲仲湘说，这其实也不是他一个人的想法，凡有爱国热情的青年和有识之士，莫不如此。

生物小组的活动是很有趣的。除基本知识的讲解和学术讨论外，同学们更以饲养生物为主，这是陶行知亲自订立的发展晓庄生物教学之方针。他认为，一般学校研究生物的弊端，只是读死书，杀生搞实验，结果教师都变成屠户，生物馆等于死尸陈列所。因此，他希望教师"指导学生和生物做朋友，认识它，爱护它，研究它，等它死了再把它陈列出来，作为永久的纪念"。同时又把十分之九的经费用在养生上，这样就把晓庄办成了一个生气勃勃的生物园。曲仲湘说："这是陶行知的思想异于别人之处。"

---

① 曲仲湘教授，河南唐河人，农家子弟，出生于1905年。毕生致力于植物生态学研究，曾发表不少有价值的科学论文，对祖国社会主义建设事业做出不小的贡献。他的《论文选集》已由云南大学生态学与地植物研究所编辑出版，他是秉志以后又一个著名的生物学家。

采集和制作标本，他们也十分重视。在生物室墙壁上陈列的那些琳琅满目的昆虫和植物标本，在玻璃橱里陈列的那许多小动物标本，无一不是师生亲手制作而成。生物小组的一间活动室，各种动植物的标本可说应有尽有，俨然一个小小的博物馆。连陈列标本的玻璃橱，都是他们亲手制作的。此外，这学校还有显微镜等必要的教学设备。陶行知不花多少钱，在很短的时间内，就把博物馆逐渐充实起来，这简直是奇迹！

参加生物小组学习的学生，只有十余人。董纯才、王省三和陶宏，是其中佼佼者。师生之间感情很融洽，很友爱。曲仲湘感到，师生共同教、学、做的活动，不但效果好，同时也使他增长了不少实际工作能力。时隔60年，他还赞不绝口地说："晓庄教学思想新颖进步，教学内容丰富多彩，教学质量先进扎实，陶先生真不愧是一个充满革新精神的教育家！"

陶行知注重实际的精神，也给曲仲湘以很大的影响。生物学教学特别注重引导学生观察和接近实物，这也是当时晓庄学校的一个显著特色和优良作风。1929年夏季，学校展开了一次有趣的捉蛇活动。当时晓庄一带还比较荒凉，蛇的活动很频繁，同学们怕蛇，农民也怕蛇。陶行知为此跑到夫子庙特地请来一位捉蛇花子做老师，给生物组同学和他们所带领的小学生传授捉蛇的知识与技能。蛇花子带领同学和小朋友爬坡、穿沟壑、掏石缝，寻找蛇的踪迹和洞穴，边捉，边教，边学，进行了一次生动的"捉蛇教学做"。小朋友们捉蛇的积极性都很高，他们把无毒蛇围在颈子上，或是围在腰间，胜利归来时，一个个都像是从前线回来的小战士。从此，这学校就用两只铁笼养了许多蛇，无形中办成一个蛇的展览馆。养的鸟也很多，有百灵、画眉、鹦鹉等，引得附近村庄男女老少时常来观看，热闹非凡。

1928年8月，晓庄科学社成立，由秉志、姚文采等兼任指导员，引导学生自行研究。8月1日，陶行知致函中国科学社说：敝校"本年进行计划，首重科学之发展，而科学中尤特别注意生物学"。他在另一封信中还说："生物学是乡村学校培养科学头脑最简便、最省钱、最有趣味的学科。不注重生物，便不成为乡村学校，便在改革之列。"于此可见陶行知重视科学之一斑。有人说他忽视科学、忽视系统知识的学习，这实在是很大的误解。

1930 年夏，晓庄被封时，曲仲湘正在生物馆和同学们一起进行教学做，他目睹蒋介石用武力把一个很有生气的学校摧毁，十分气愤。被迫离校时，四顾苍茫，他和同学们那日夜兴建生物馆的情景，又一幕一幕在脑海里重现，他感到非常痛惜。

1937 年，抗日战争全面爆发后，中国科学社生物研究所迁往重庆市郊北碚。第二年，在嘉陵江畔风景如画的地方，曲仲湘和陶行知又相会了。这一次，陶行知特地来请他到育才学校去讲课。十年不见，分外亲热，曲仲湘当然是非常愉快地答应了。育才给他留下的记忆也很深，生物组也搞得好。最难忘的是一次野外实习活动，有个小朋友调皮地问他："野生的荠菜可以吃，为什么好多野生植物都不好吃呢？"这确是一个有趣而不好回答的问题，可他还是很风趣地回答了："嗯，嗯，许多野生植物人是不能吃的，但马牛羊可以吃，连猪狗鸡吃的草也有呢。"说得小朋友都满意地笑了。即此一例，也可约略窥见曲先生的教学是很得法的。

陶行知和夫妻卫生所

晓庄学校创办之始，陶行知就想建立一所医院，以解决农民缺医少药问题，这是他改造旧乡村、培养新农民的理想之一。不久，他就从北京请来一位青年医生和一个护士，在佘儿岗找到两间茅屋，办起一个"夫妻卫生所"来了。

学校开办卫生所，对农民开放，为农民服务，这在中国教育史上也是破天荒的第一次。当时晓庄一带农民，深为疾病所苦。他们害得最多的病是痧眼、癞痢头和疟疾等。这位医生很精干，他就先从这些常见病下手，还特别抓紧了儿童癞痢头的治疗工作。这种病很难治，需要放射治疗，但农村无此条件，于是他就采用一种毒性很大的西药来治疗。是陶行知的爱民思想感动了这位医生，他给药后，总是很精心地观察，看看有什么反应和副作用。经过两星期的治疗，头发逐渐脱落，随即再给病人涂擦硫黄软膏，以消灭发根上的霉菌，在治疗过程中新发逐渐长出来，两月后基本恢复正常。就这样，这一带的癞痢头很快就治好了。农民们都欢天喜地，这夫妻卫生所的名声，从此就传扬开去。

农村迫切需要医疗，这个想法在这对新夫妻陈志潜[1]和王文瑾的脑海里时常盘旋着。他们看到当时乡村中，小病无人防，大病无人看，妇女和儿童的死亡率很高的情况，心里感到非常痛苦。为了解决卫生所人手不够的问题，陈医生就大抓师范生的卫生教育，培养他们做卫生工作的辅导员，以推动小学和农村的卫生教育宣传工作，并通过他们设法改进农民的健康状况。陈志潜白天给师范生讲课，晚上赶写卫生教育讲义，给他们介绍近代医学卫生常识和防治各种常见病的知识与技能。同时，他又训练师范生的眼睛，要求他们人人都能鉴别出10种常见儿童传染病，掌握12种内外科常用药物的技能和10条儿童卫生守则。他还为师范生编写出版了

---

[1]　陈志潜，成都人，生于1903年。他在中学时代就立志学医，1929年毕业于北京协和医学院，曾任该院卫生学副教授及该校董事等，并获医学博士及公共卫生学硕士学位。陈志潜是我国农村卫生事业的开拓者，著名医学家。

一本《卫生教育讲义》，对当时农村卫生产生了广泛的影响。

健康是生活的起点，教育当以卫生为中心。人活不起来，就不能获得新知识；人活得不强壮，也不能很好地掌握知识，即使有了知识也不能用。所以，一个真正的教育家，总是在发展智力的同时，又十分强调卫生工作在教育上的重要地位。医学博士陈志潜和教育家陶行知是想到一起来了。陶行知生活教育的五大培养目标，第一就是要有"健康的体魄"。现年85岁高龄的陈志潜回忆这段往事说："晓庄那段生活，我过得很愉快、很充实，它对我后来的事业，有重大的影响。"

陈志潜是名牌医科大学北京协和医学院毕业的，他的夫人王文瑾是名牌医院北京协和医院的护士。在20年代末，他们放弃了优厚的待遇和大城市生活，跑乡下来当医生和护士，这究竟是一种什么力量推动的呢？陈志潜说：第一，他是受到一位外籍老师的影响。第二，他是受到陶行知精神的感召。他的外籍老师名叫蓝安生（Jhon B.Grant），加拿大人。此人热爱中国，视野很开阔，他时常提醒中国学生，要认识自己的国家，要了解广大农民的健康状况，不要指望学点技术就想赚钱，图谋个人的舒适生活。他是中华教育改进社的成员，又是该社卫生教育委员会的委员，和陶行知往来密切，他很赞成陶行知建设乡村教育的主张。当陶行知来信邀请协和毕业生南下为农民服务时，他就把自己最得意的学生陈志潜推荐给陶行知了。蓝安生对陈志潜说："中国要想好起来，没有教育是不行的。"他鼓励陈志潜南下，配合陶行知工作。陈志潜经过一番考虑，又动员了未婚妻王文瑾，就毅然决然地退掉了协和的聘书，并经蓝安生与南京政府卫生部联系，给他安排到晓庄工作。

陈志潜说："当时我不知道也没有把握在晓庄能够做出什么事情来，是陶先生的办学思想和精神鼓舞了我，陶氏以创造社会为己任的信心提高了我的信心，以改造环境为己任的勇气增强了我的勇气。尽管这样生活上有很多不便的地方，但我们中国人绝大多数都在过着这样的生活，他们能够过得下去，我也应该能够过得下去。"陶先生那无比的信心和勇气，在精神上给他以很大的鼓励，使他在晓庄的工作有了一个良好的开端，能坚定地去开辟和创造。在20年代末，南京政府卫生部曾定晓庄一带农村为乡村卫生模范区，这是陶行知的成绩，也是陈志潜及其夫人王文瑾的成绩。

晓庄师范与联村自卫团

邵仲香

在南京雨花台革命烈士事迹陈列馆中，有一张陶行知先生早期创办的晓庄师范学校"联村自卫团"的队列照片。每当我与儿孙前往参观时，总要在照片下浏览许久。

这张照片，是我在1928年夏天拍摄的，上面荷枪的战士，多是我早年的同事和学生。关于照片的拍摄经过和"联村自卫团"成立的前前后后，都是我亲身经历的事，至今记忆犹新。

早期的晓庄师范学校，是坐落在南京北郊迈皋桥附近佘儿岗村的一所乡村学校，它是教育家陶行知1927年3月15日创办起来的。可是仅仅办了三年，1930年4月8日，就被国民党反动派封闭了。

国民党首都卫戍司令部封闭晓庄师范的布告说：

照得晓庄师范学校违背三民主义，散发反动传单，勾引反动军阀（作者按：指冯玉祥），企图破坏京沪交通。本部为维持首都治安计，曾饬令暂时停办，以待整理；并商同教育部查照办理在案。此乃爱护学校之至意，原冀该校员生等悔悟前非，静候教育部办理，乃迭据报告，该校师生等执迷不悟，于教育部接收整理之际，竟敢非法组织委员会，发布宣言，四出诱惑，希图扩大反动风潮，实行破坏京沪交通，扰乱社会秩序。似此目无法纪，充满反革命思想与行为，实属不可救药。兹奉明令，将该校勒令解散；并查拿首要分子，以肃法纪而遏乱萌！除饬军警遵照执行外，合行布告周知。

同时，以国民政府名义，对陶先生下通缉令曰："为晓庄师范学校校长陶行知勾结叛逆，阴谋不轨，查有密布党羽，冀图暴动事情，仰京内外各军警、各机关，一体严缉，务获究办。此令！"当时社会上还有种种关于晓庄师范与陶先生的谣传，一时轰动全国。

据说，国民党反动派当时派了一个团的兵力去查封学校，一到学校，就对在场师生说"没枪的人先走，有枪的交出枪弹，各奔前程"云云。拿封条的小兵因找不到校门，无法张贴，被指挥官骂道："混蛋！贴在这里和那里，不是都行。"原来，晓庄师范的校舍，全是茅房土墙，又都散落在山坡山沟间，一切因陋就简，靠师生们劳动创建，从来没有造过大门，所以愚蠢的国民党反动派，要找大门贴封条，当然是"摸不到门"的了。

反动派为什么把封闭学校、通缉陶先生与冯玉祥扯到一起去？又为什么涉及枪支弹药等事呢？这与"联村自卫团"大有关联。冯玉祥将军是当年国民党政府的军政部长，他为人正直爽快，好与开明人士结交朋友，而陶先生是当时提倡生活教育的文教界名人，他们两人结为好朋友，全是慕才惜人的道义之交。晓庄师范学校成立"联村自卫团"，冯玉祥是帮过不少忙的，但硬把封闭学校、通缉校长的原因与冯玉祥扯到一起，就未免不顾事实了。冯玉祥到过晓庄一次，是来参观学校的。在欢迎会上，冯玉祥讲了一些勤奋用功学习和爱国爱民的道理。休息当儿，观看了"联村自卫团"列队操练的表演，给大家分析了野外作战的战术，还拿起枪做了射击姿势和方法的示范动作。上面提到的照片，就是在这次参观过程中拍摄的。晓庄幽静的农村景色吸引了冯玉祥，他曾花了点钱，在晓庄砌造了一间茅草屋，准备于公余之暇，来此小住。当地人称此处为"冯村"，但是冯玉祥没有来"冯村"住过一次。以上是我所知道的陶行知和冯玉祥两位名人的交往情况。

1927 年，晓庄师范刚刚建校，燕子矶、迈皋桥一带闹土匪，匪首朱癞子等，常出入农村，打家劫舍。当时农村原也藏有一些武器，专为自卫之用，但经军队多次搜查取走，一般农家已无抵抗强暴的能力；稍富有者多去城内或搬到集镇居住，以图安全。加以当时国民革命军第二军、第六军兵分三路，正向南京城发起总攻击，盘踞在南京的奉直军阀褚玉璞仓皇逃跑。大肆抢掠群众财物，燕子矶一带的治安更为糟糕。陶先生在这时，除安抚难民、救济妇孺外，仍积极提倡教育，兴办文化事业。

某日，陶先生在燕子矶小学邀集了一些乡村教师和地方开明人士商讨农村兴办教育之事，忽然有人提出："本镇昨日接到土匪恐吓信一封，要借 3000 元，信上注明他们乃第二十七旅的散兵游勇，没有旅费回家，限三日之内，将钱送到水西门外某地，以手电筒为号；还要随带香烟十条，花露水十瓶。如不送来，将怎样怎样……"大家一听此事，顿时吓了一跳，无人再有心思讨论教育之事了。陶先生问大家可有对付土匪的办法？半晌才有人说："只好凑点钱央人送去，恐怕少了还不行呢！"陶先生说："那不是办法，不如大家联合起来，和他们干！""谁敢？""拿叉子和扁担对付土匪行吗？""不行呀！不行呀！他们有武器，我们是空拳。"大家议论纷纷，莫衷一是。陶先生原是为商讨教育问题召开这个会的，半路里岔出土匪投来恐吓信的问题，搅得会也开不下去，只好怏怏而散。陶先生添上一重心事，从燕子矶回到城里。

不知在什么场合下，陶先生与冯玉祥谈起燕子矶闹土匪的事，涉及农民自卫缺乏武器的问题。冯玉祥当下便提出：军事仓库中尚存有不少破枪残械，稍加修理便可再用；子弹也不成问题，农民自卫防匪是有办法可想的。陶先生听了大为振奋，于是产生了组织师生和农民"联村自卫"的想法。

我当时是晓庄师范学校的教师（称为指导员）。因为家住在南京城里，陶先生便委派我接洽买枪之事。听说可以买到枪防土匪，燕子矶镇上人人赞助，纷纷凑款，交给我洽购枪支弹药。现在回忆起来，有几件事，还记得很清楚：

1. 我是在南京城里大石桥附近找到某机关一位陆军科长联系的。当时商妥，修复的枪支保险能用，每支作价60元，附子弹300粒；并说定由他们派车运送到燕子矶小学交货。

2. 我把情况告诉了燕子矶群众代表，仅一日内，交款买枪的就有16户之多。晓庄师范也买了10支枪，作为"联村自卫团"的武装。

3. 我在办理买枪的同时，还为买枪各户登记造册、拍照领照，办理各项手续。等到把枪弹和枪照分别发到各户手中，我的任务才算完结。

陶先生为使农村自卫巩固起来，便又积极筹划成立"联村自卫团"来。这对于一个搞教育的文人，倒是一件外行的生疏的事。他想道："我国遍地都有广大的乡村，也都存在或多或少的治安问题；农民没有自卫力量，兴办乡村教育也是不可能的。"因之，他十分坚定地发动大家群策群力，很快办起了第一个"联村自卫团"。

忽一日，陶先生在校园内大路上捡到一封信，打开一看，原来又是一封土匪发给他的恐吓信，先是骂了许多无理的话，接着说："你办学校是本行。不该干预我们的事；我们兄弟流落他乡，没有旅费回家，向你要三百元，一文不能少，限 × 日送到，如若不办，我等将把你校所在三里之内，杀得鸡犬不留！"陶先生接此黑信付之一笑，对我们风趣地说："我倒想和这伙土匪谈谈，劝他们改邪归正，暂时不必回乡，先到晓庄来受些教育再说；鸡犬无辜，何必把它们斩尽杀绝？我们来他个土匪教育吧！哈哈……"当时，陶先生除了认真料理学校正常教学工作外，格外不露声色地去组织"联村自卫团"。

不一日，陶先生找来了一位有经验的军事指导员，专门训练"联村自卫团"。此人很有军事组织才干，他不仅把全校师生组织起来训练，还定期为农村青壮年搞军事训练。当时还在校园内设防加岗，晓庄附近的重要路口也都加岗，日有岗所，夜有巡逻，并颁发口令，遇到过往面生行人，认真盘查。除此之外，陶先生还与冯玉祥商定，在土匪限令的日期里，由军队中派专人来协助，其中有两个是神枪手。冯说："到时候你们不必紧张，只要嘱咐你们的人，晚上不要外出，听到枪声，伏地别动。有这两位神枪手守夜，土匪不来便罢，果真来时，叫他们有来无回。"结果，到了限令日期，白天安然无事，但一到夜晚，有些人整夜不敢入睡，以大难临头的紧张心情期待着。一更过去了，二更过去了，三更、四更也过去了，直到东方发白，天色大明，什么事也没有发生。

土匪恐吓的期限虽已过去，但陶先生命令"联村自卫团"要格外加紧训练，以防土匪施用缓兵之计，来个突然袭击。大家都十分佩服陶先生的深谋远虑，于是更加严肃训练，坚持常备不怠。陶先生又叫在校园中架设了警钟，于各道口整修工事，自卫团部对全校师生和各村农民讲解防卫战术。我当时任农事指导员，也兼任自卫团小队长，和一个叫黄介弼的同学同住一室，共有一支步枪，分上下两班，轮流查夜值班。

如此紧张的生活，煞有介事的训练，持续了很长一段时间。慢慢地，大家习以为常了，也有些人产生了"不过如此"的想法。有一夜，正是我值上夜班，以为无事，就和衣朦胧小睡，猛然间山间传来枪声，我被惊醒，又听得近处也有了枪声，警钟也乱鸣不已。按规定，在这种情况下，一定要熄灭灯火，有枪者赶到关口岗哨，无枪者立即伏身地上，以避免流弹。训练时早已习之有素，可是事到临头，就沉不住气，非常紧张，手足无措。待我心情稍定时，想到枪已被黄介弼拿去了，我应该伏在床下不动，但是我忽然想起犁宫（晓庄师范学校的大礼堂，形状似犁头，故名犁宫）里还有我的一支猎枪，于是就匍匐出门，弯腰潜入犁宫，摸到猎枪，顿时胆也壮了，腰也直了，装上子弹，朝天就是一枪。此时自卫团已"鸣锣收兵"。大家聚集一处，才知道今夜是军事演习，目的是提醒大家要提高警惕，严防不息，同时也测试大家的胆量和受训的成果。燕子矶一带的群众，经过陶先生的组织、装备、训练、演习，自卫能力加强，保障了当地的安全；并为晓庄师范在农村开展教育活动，提供了安定的条件。

晓庄师范学校及"联村自卫团"还举行过多次群众性活动，如举办"农村救火队"，进行救火实习表演。最有趣的还算"农村运动会"了，组织青壮年农民比赛爬山、挑水、挑菜、挑粪等项目。这些活动，是农民平时劳动常事，一旦上了比赛场，都搞得轰轰烈烈，十分热闹。陶先生对这些活动，大力提倡，并亲自参加，每次都开展得有声有色。还有一次，晓庄师范办了个"农产品比赛展览会"，五谷杂粮，各色蔬菜都上大桌，连青菜萝卜也陈列了不少。有一个山芋，硕大无朋，农民称为"山芋大王"。陶先生风趣地说："大王有复辟之嫌，改称总统，较为摩登，我们就名之曰'山芋总统'吧！"于是他拿起笔来，填了一张"山芋总统"的褒状，送给种山芋的农民，作为纪念。

"锄头歌"的产生

邵仲香

一

1929 年夏初，南京晓庄师范学校陶行知校长在该校一天的"寅会"上报告说："今天将有一位贵客光临，参观我们的联村自卫团和学校，他不是别人，就是协助我们创办联村自卫团的冯玉祥将军。"

那时晓庄学校许多学生都借住在农民家中，和附近的农村联络很紧密。"部长是个大人物，我们要前去瞻仰。"一般男女老少都在互相传告，很快，四周农村都知道了这个消息，都当作是件了不起的事。

晓庄学校没有围墙，自然也没有大门，它的大建筑"犁宫"门前是个大广场，常有各种闲人来往。上午时间还早，犁宫门前广场上已聚集了许多人，其中还有不少老人和妇女儿童，他们大多是附近乡村中的农友。

当日上午九时半，晓庄前面大路上来了三个大兵，他们旧军装打扮，腰束皮带，下有裹腿，只是没戴军帽，各戴一只宽边的大草帽。这天烈日当空，由于天热，他们不时把草帽拿在手中，用它扇风取凉。这三位大兵并不正步行走，而是自由步行，若不经人介绍，真以为都是普通士兵。

人民教育家陶行知先生看到他们走来，便赶上前去，欢迎他们的到来，引导他们到学校犁宫前。那位身材高大、气宇轩昂的"大兵"，便是当时的政府要人，军政部长冯玉祥将军。他们就是众农民仰慕的"大人物"，其余两位是冯先生的"护兵"。

照理说，一位部长级人物下乡，别的排场不说，至少要有辆汽车代步，免得在烈日下受步行之苦。但是冯先生和别的部长不一样，他有结实的身体，出门多半是步行，尤其他认为："到农村去坐汽车，自己固然舒服，车后所掀起灰浪，将给许多人不便。"所以无论如何，他是不肯坐汽车的。

二

晓庄学校有个惯例，开会之前有人领头唱歌，一是召集大家进屋坐好，等候开会；二是让大家定下心来开会。欢迎冯先生的会快开时，只听得一部分人高声领唱："手把锄头锄野草，除去野草好长苗"的歌词，紧接着唱出"咿呀嗨呀嗬嗬"的号子声。然后再由一部分人，接着唱"除去野草"四个字，稍停，全体又整齐地和唱道"好长苗呀嗬咳"作为一般结尾。第二段歌词是："五千年古国要出头，锄头底下有自由。……"这段也是领唱合唱，唱词加号子，歌词共计四段。这就是晓庄学校著名的"锄头歌"。

冯先生最初以为所唱的不过是例行的旧校歌，未予十分注意，及至他听出"锄头"字句来，这才注意细听，深为赞赏；尤其对众人的声声号子，颇感别致有趣。于是他就低声向陶校长询问歌词的意思。问后连连点头说："好，有意思！"

冯先生当时是国家政界要人，又是负责军事的将领。他虽非文人，但对诗歌很有兴趣。政事之余，他常与一些文人交往，并写些文学作品，陶校长是其文友之一。唱完"锄头歌"，便开会了。陶校长向大家简略地介绍冯先生后，请冯先生讲话。冯对人十分谦和，说话声音洪亮，吐字清楚，浅显易懂，很合一般农人口味。

冯先生说："你们唱的'锄头歌'里，不是说'除去野草好长苗'吗？我们中国地大物博，可惜杂草太多，必须把这些杂草锄去，仔细地锄才行。我国田里的杂草，有本地长的杂草，还有从外地被风吹来的'野种'，实在讨厌。我从前也锄过草，本地的杂草根深蒂固，如果仅仅把地面草头锄掉，那生长在地面下的根，得了点雨露又会苗长出来，所以锄草要深深地把草根翻起来，把它晒死才行（农民点头称是，热烈鼓掌）。至于从外地吹来的'野种'，倒不可怕，只要把自己田里的杂草锄干净，不让野种落脚安家就好。"这番话真正说到农民的心里去了。他用杂草比喻社会上的坏人，说得是多么浅显明白呀！

冯先生说："我们中国在世界上是很古老的。文化在古代就很发达，只是而今外国强盛，看到我们中国这块肥肉都想吞并，你争我夺，压得我们不得自由，只要我们大家齐心是不怕他们的。我们中国人口多，农民力量足，不要小看我们手中的锄头。我们的自由，实在地说，是要从锄头底下去找。所以我们农友倒不要小看自己，应当起来革命（大家热烈鼓掌）。'锄头歌'唱得好，我们是要出头了。我们的自由，可以从锄头底下找到。"

三

当时晓庄师范学校流行的"锄头歌"，不但晓庄学校的师生会唱，附近的农友，来访短期暂住的教育人员也都会唱。这首歌，实际上成了晓庄学校的校歌，今天会唱的仍有不少。

晓庄学校被封以前，有许多学生参加当时金陵大学农学院的农业暑期学校，曾把"锄头歌"带到那里。事后晓庄学校被封闭，金陵大学农学院乃以"锄头歌"为院歌接唱下去。日军侵犯南京，金陵大学西迁四川，"锄头歌"的歌声又响彻嘉陵江畔。

在晓庄遭到无理封闭时，"锄头歌"之声曾有过停息，但不久又在上海大场"山海工学团"响起来了。抗日战争时期，四川重庆的育才学校传唱也很热烈。而今这歌声又回到了晓庄师范学校。听到"锄头歌"的歌声，就会使人回忆当初陶先生创办晓庄学校的日日夜夜，这首歌之所以传唱至今，正因为它是一首革命的战歌。

四

1927年春，陶行知先生在南京和平门外佘儿岗小庄（现在的晓庄）办起了晓庄乡村师范学校。我曾与陶先生在金陵大学先后同窗，当时创办晓庄师范时，被陶先生请任为该校农事指导员。该校有个制度，每逢星期六召开一次全体师生员工参加的周末会议，称为"生活会议"，讨论一周来的工作情况，每个与会者都有发言权。陶先生虽身为校长，但办事极为民主，所有一切积极建议都被他采用，因此在会上发言者极为踊跃，谁有意见，都敢提出来讨论。生活会议之后，表演文娱节目，余兴一番。

陶先生做事为人饶有风趣，我年轻时好幽默，常与陶先生轻松相处。有次生活会后，要我唱一支歌，这是陶先生有意"作难"于我，因为他知道我一向不会唱歌。我忸怩了多时，决心把我 10 多年前在金陵大学农学院搞推广工作时，自创的一首不像样的顺口溜式的植棉歌拿来献丑。唱之前，我声明要求大家跟着我喊号子，尤其是陶校长不能例外。我唱了歌词，大家跟着喊"咿呀嗨！呀嗬嗨！"一时大家情绪极为热烈，气氛轻松活泼，陶先生大笑不止，连声喊好！

当夜散会后，陶先生动了文思。第二天清早，就把"锄头歌"的歌词写成，在"植棉歌"曲调基础上填以新词，然后让我在"寅会"上教大家学唱。陶先生文学修养极高，这首唤醒农民的革命歌词，他只花了一晚的工夫就填写成。其词如下：

锄头歌

手把（个）锄头除野草呀，

除去野草好长苗呀。

五千年古国要出头呀，

锄头底下有自由呀。

天生（了）孙公做救星呀（孙公指孙中山），

唤醒锄头来革命呀。

革命（的）成功靠锄头呀，

锄头锄头要奋斗呀。

这首歌词在上海大场山海工学团时再唱，听说陶先生增加了一段歌词：

> 单靠锄头不中用呀，
> 联合斧头来革命呀。

若是陶先生亲自所加，可见当时陶先生赞同共产主义的先进思想。

有关"锄头歌"的唱法，前面已约略说过。唱的时候，最好由一部分人（能唱高音的）领头唱歌词，字句清楚，号召力强，领唱唱完两句歌词以后，便由全体喊唱号子（咿呀咳！呀嗬咳！），然后领唱人再重复唱第二句歌词的前四个字，唱完稍一停顿（有提醒之意），再由全体唱出这句歌词的后三个字（有回谷之意）并加唱尾声号子（呀嗬咳！）。

根据以上所述，陶行知先生的"锄头歌"乃是由"植棉歌"发展而来。

五

"植棉歌"是1920年金陵大学农学院宣传推广从美国引进的"爱字棉"和"晓字棉"两个品种，由我编写的。

南京太平门外蒋王庙地方，每年阳春三月总有一次庙会，各乡农人都于庙会之日集聚市场买卖农产品和农具，十分热闹。集市大路口有露天戏台，有时演戏。金陵大学农学院为了推广棉种工作，就在庙会期间编演了一个小戏，其中一幕有三五个农人在棉田里锄草，边锄边效仿农民唱山歌。这首山歌就是我临时编写的"植棉歌"，选用的是当地山歌曲调。

南京紫金山脚下农人唱山歌，常常是大家在田间操作时，由一两个小姑娘领唱，唱出两句俚词（也许是打趣别人的话），跟着由众人喊号子，以此取乐。

我们那日在蒋王庙庙会上唱的"植棉歌"引起了台下的共鸣，先是一片笑声，后和唱号子，气氛热烈，效果非常好。事后农民对我们很亲热，有些农人当时就向我们索取新棉种。"植棉歌"的歌词是这样的：

> 我人生活三要素呀，
>
> 第一穿衣廉耻顾呀。
>
> 穿衣必须种好棉呀，
>
> 讲究棉种巧种田呀。
>
> 华棉质量不到家呀，
>
> 不及美棉能纺纱呀。
>
> 劝种美棉好处多呀，
>
> 今天特唱植棉歌呀。

"植棉歌"乃作者于金陵大学农学院任教时，以应付急需所作，自然比不上陶先生的"锄头歌"声势大，号召力强。脍炙人口的"锄头歌"创作至今已有半个多世纪，有谁知这首"阳春白雪"的文艺作品，乃是源自"下里巴人"的根须。

晓庄之后：
普及教育与国难教育

普及教育运动小史

陶行知

这十几年来，我有时提倡平民教育，有时提倡乡村教育，有时提倡劳苦大众的教育，不知道的人以为我见异思迁，欢喜翻新花样；其实我心中只有一个中心问题，这问题便是如何使教育普及，如何使没有机会受教育的人可以得到他们所需要的教育。民国十九年春天，我曾一度草成一个二十年内完成的普及教育计划。这计划曾由教育部提出全国教育会议通过。与这计划同时提出的有一个成人补习教育初步计划。成人补习教育初步计划之所以不能实行，是因为被一位不懂事的官剪去一段重要的办法，成了一个残废的计划，所以失了效用。那二十年内完成的普及教育计划之所以失败，却是我自己的错误。我写那计划的时候，以为中国既系从农业文明渡到工业文明，便误认每年工业之进展，足以应济教育普及率逐渐增高之需要。我们的幼稚的工业在帝国主义高压未曾铲除以前，决不许我们存这奢望。那时我对于儿童大众的力量还没有正确的估定，对于学校式的传统教育还没有彻底的看破，这些都是构成那个普及教育计划根本失败的重要因子。现在我们所发起的普及教育，是建筑在极困难的农业经济的基础上。它是一个农业国的普及教育方案。假使工业文明暂时没有多大的进展，教育仍有普及的可能。在儿童大众的力量的新估计之下，如果大家把传统学校彻底的看破，则普及中国教育不但是有可能性，并且是可以一举而成，万世不灭。

普及什么教育

陶行知

这些年来教育是给镇江醋浸透了。一提起教育两个字就觉得酸溜溜的，谁也不愿把它普及。的确，教育是成了少爷、小姐、政客、书呆子的专有品。它是少爷的手杖，小姐的钻戒，政客升官的梯子，书呆子的轮回麻醉的乌烟 [①]。如果把这种教育普及出去，中华民国简直要成为一个中华少爷国，中华小姐国，中华政客国，中华书呆国。更加确切些，简直要成为一个中华少爷小姐政客书呆共和国，真要不打而自倒了。所以我们开始必得声明，我们所要普及的，不是少爷教育，不是小姐教育，不是政客教育，不是书呆子教育。我们所要普及的是：自动工学团。什么叫作自动？自动是大众自己干，小孩自己干。自动教育是教大众自己干，教小孩自己干，不是替代大众、小孩干。

什么叫做工学团？工是工作，学是科学，团是团体。说得清楚些是：工以养生，学以明生，团以保生。说得更清楚些是：以大众的工作，养活

---

① 乌烟即鸦片。

大众的生命；以大众的科学，明了大众的生命；以大众的团体的力量，保护大众的生命。工学团是一个小工场，一个小学校，一个小社会。在这里面是包含着生产的意义，长进的意义，平等互助、自卫卫人的意义。它是将工场、学校、社会打成一片，产生一个富有生活力的新细胞。

工学团可大可小，从几个人的家庭、店铺，几十个人的学校、庙宇，几百个人的村庄、监狱，几千人的工厂，几万人的军队，都可造成一个富有意义的工学团。

团不是一个机关，不是一个工学的机关。假使它只是一个工学的机关，那便成了一个半工半读的改良学校而不是工学团。团是团体，是力的凝结，力的组织，力的集中，力的共同发挥。

从教育上谋国难的出路

——手脑并用

陶行知

教育是解决问题的，如教育而不能解决问题，那就不算教育。那么教育究竟是什么呢？简单一句话，教育就是力的表现或变化。世界是力创造的，所以解决困难也必须拿力来才行。用力有以下几个定律：

1.小的力敌不住大的力——以往传统的教育，因为专在少数人身上施行培养的工夫，所以产生不出力量。

2.散漫的敌不过有组织的力量——散漫完全是由封建教育造成的，不过谈到组织要小心，切勿走上乡绅之路。所以第一要紧的，是直接认识自食其力的真农人，唯有如此才能使组织生出力量。

真农人真工人和假农人假工人的区分，可以从下面的两个人看得出。

陶侃每天把砖由屋内搬出，然后再搬进去。他虽在工作，却不是真工人，因为他不靠做工吃饭，乃靠做官吃饭。

《儒林外史》上的王冕是真农人，因为他虽读书，却不靠读书吃饭。

3.行动强于空谈——谈后继以行动，那就不算空谈。书本上得不到什么力量，唯有从行动上得来的真知识，才是真的力量。

王阳明的话我可以把他翻半个——180 度的筋斗，意思就是把他的话来个倒栽葱。他说"知是行之始，行是知之成"，我的倒转法就是"行是知之始，知是行之成"。爱迪生是由试验才把电灯发明成功。婴儿明白火烫手，也是从实际经验得来。所以教育应培养行动，应当培养知识。

4. 被动敌不过自动——中国现在的教育完全是被动的，所以产生一种坏的现象，就是有的说而不动，有的简直不敢动。例如有人到乡间去办学办医院，这是替他们做事，所以不会生出力量，这好比小宝宝，由老祖母得到的抚摸一样。所以最要改的，是深入民间与他们同工。例如你同十人同工，走后还有九人能继下去，不然工作要停顿。所以唯有加入他们的队伍，才能把地狱变成合理的人间。

5. 用头脑不及手脑并用的力量大——读书人只能想出许多解决困难的方法，但却生不出力量。

传统教育的矛盾，可由孔老先生①来做总代表。他是地主，所以他说："君子谋道不谋食。"他骂劳农是小人，然而他却说"非小人莫养君子"，这是多么的无赖。他又是好吃懒做的人，所以一个农人对子路骂他是"四体不勤，五谷不分"。"割不正"②一段话，很可代表他的好吃。"民可使由之不可使知之"，这是他所主张的教育。中国从这位老先生以来，可说完全造成了一个书呆国家。

总之，人所以比禽兽厉害，就因为他有手，手能打仗、能生产、能建设，也能创造。所以如是大家想应付困难，就当竭力把知识分子变成工

---

① 孔老先生，指孔子。
② 割不正，语出《论语·乡党篇第十》，孔子对食物有一大套讲究，说"食不厌精，脍不厌细"。如食物不新鲜，颜色、气味烹调不好都不吃，并且"割不正，不食"，即肉切得不方正也不吃。

117

人，把工人变成知识分子。小孩要注意并指导他竭力运用手的活动。

一个母亲把弄坏一只表的小儿痛打一顿，这与小儿无关，倒把一个小的爱迪生打死了。

歌：

第一歌

我是小工人，

我有双手万能；

我要造富的社会，

不造富的个人。

第二歌

我是小盘古，

我不怕吃苦；

我要开辟新天地，

看我手中双斧。

第三歌

人生两个宝，

双手与大脑。

用脑不用手，

快要被打倒；

用手不用脑，

饭也吃不饱。

手脑都会用，

才算开辟天地的大好佬。

所以四万万人，若都能用脑来指挥手，手来变化脑，那么组织起来，必能生惊人的力量，那时应付日本，一定不难。

回忆陶行知先生

张　健

陶行知先生 1931 年回国后，在上海《申报》的副刊"自由谈"里发表文章，提出"工以养生，学以明生，团以保生"，团结起来保卫自己，"工学团"就是这个意思。他为实现这个理想，1932 年 10 月在上海北郊孟家木桥成立了山海工学团。当时工以养生，分三个工：一是木工，二是袜工，三是藤工。我当时就是藤工。学校成立半个月我就去上学。上午学习语文、算术、自然科学、历史科学，下午做工，用劳动收入来养活自己，供给学费。从当时看，这样做不够学费开支，因为我们工艺水平低，产品质量差，经费收入是很少的。当时主要是从教育的目的考虑，培养手脑并用。除了做工以外，还种菜、养兔、养蜂。这种做法，不收学费，贫下中农子弟可以上学。当时我家里很穷，只有半工半读，才能上得起学。这种学习方法当时还是很受老百姓欢迎的。

第二年，也就是 1933 年，工学团实行小先生制，因为学生发展得多，教师不够。小先生制，就是高级班教低级班，学习好的教学习差的，学生回到家里又教父母。我是第一批小先生之一。当时我只有 14 岁，是小先生的头头。那时成立"儿童社会"有两个原因：一是因为共产党员随时有暴露的危险，陶先生把他们疏散到内地去办教育，那些大的教师到内地去教书，可以避免国民党的迫害，挣的钱寄回学校，支持学校工作。二是因为经济困难，小先生比成人用的钱少。就是在这种背景下成立了儿童社会。不仅上海有儿童社会，安徽、广东、广西、四川都有。

陶先生办的教育事业，在国内外都是有名气的，不仅对日本有影响，美国的小学教师和教育学者都组织代表团来工学团参观过。从1932年办工学团起，到陶先生1936年夏出国止，工学团的实际活动是陶先生在那里主持。我和陶先生接触较多，他除了每周到校来一两次外，晚上还找我们小先生谈心，上至天文，下至地理，无所不谈。我的很多知识是陶先生教给的。同时，我们把工学团的各种活动、工作都向他汇报。工学团的许多活动都是在他的指导下进行的。

另外，工学团一开始就有共产党的地下活动。我接触的第一个共产党员名叫严竞成，他是贵州人，教数学的，除此之外，还教我革命道理。我从1933年秋天开始就是上海地下党领导下的赤色儿童团团长，公开身份是小先生头。我不仅在上海工学团活动，还到上海市各工厂去活动。当时我们团员大约有百十个人，不仅上海有，外地也有，如卖报儿童团。赤色儿童团的人很少，要思想进步的，因为国民党抓住要杀头的。那时候，到了夜里，我们就往市里贴标语、刷革命传单如"打倒蒋介石！""中华苏维埃万岁！"等。还向进步的家长募捐，支援红军。这些事都是秘密进行的，陶先生最初不知道，后来慢慢知道了。我们有时和他辩论，认为改造社会光靠教育不行，要推翻国民党的反动统治。陶先生是保护我们支持我们的。可能是1935年，美国共产党在上海办报，有一个记者叫史沫特莱，到上海工学团来，由我和吕朋向他们介绍情况，吕朋是赤色儿童团团员，当时是由陶先生当翻译，证明他是同情、支持我们的。

1936年秋，我到上海工厂做工作。1937年，战地服务团成立了，我是大队长兼支部宣传委员，张劲夫是团长兼支部统战委员，支部书记最初是张敬仁，余立金是从延安派来的军事委员。当时国共合作，我们是通过郭沫若与国民党接触的。因为郭沫若曾经当过北伐军的政治部副主任，很多国民党将领他都认识，恰好那时他正从日本回国，蒋介石接见了他，所以我们通过他安排。从1937年"八一三"事件到这年12月，我们总共干了约三个月。以后，张爱萍领导我们撤退，向武汉转移。后来，我又带了一部分工人去延安。这段时间陶先生一直在国外，他回来后直接去了重庆，我们也就没有再见过面，但是他给我写信，我也给他写过信。记得陶先生在给我的信中说道：我很羡慕你们在那个自由天地里从事教育工作。我相信，中国人民总有一天也会像你们那样自由呼吸空气，心情愉快地工作。

在延安，为了发展解放区的教育事业，我们主要是总结我们自己的经验，还参考国内各个教育学派的观点。我们觉得陶先生的教育思想最进步，搞农村教育，对我们帮助大。当时是中共中央宣传部管这个工作，副部长徐特立、李维汉认为陶先生的教育论文有参考价值。我当时是党中央机关的研究院教育研究室的研究员，又是陶先生的学生，所以让我编选《陶行知教育论文选集》。我们研究室有十多个人，董纯才同志也是研究员，主任是李维汉同志。徐老是很佩服陶先生的，所以当时别人的选集都没有出，只出了这个选集，目的是为了参考。

对陶先生的政治生活，我是这样看的：

陶先生政治上经过三个阶段：1927年，他是赞成孙中山先生的主张，拥护美国林肯、杰弗逊的，他写的《锄头歌》里有："天生孙公作救星"的诗句，这表明他在政治上是资产阶级民主主义者。在教育思想上早年他是杜威的得意门生，赞成实用主义教育。但是他把杜威的教育思想用于中国，不得不做些改变，因为中国很穷，中国农民很苦。从某种意义上说，陶先生具有当时俄国民族主义思想，同情农民，热爱农民，想把知识送给农民，办晓庄师范的目的是想培养 100 万名教师，改造 100 万个乡村，认为这样中国就得救了。为了达到这个目的，他对各党派采取"兼容并包"的方针，都允许它们存在。晓庄师范当时有国民党、国家主义派，有共产党。晓庄师范被蒋介石封闭，对他有很大触动，你不管政治，政治却要来管你，晓庄师范有共产党活动，国民党就把它封闭了，晓庄封闭后，支持他的共产党员有的被杀，有的被关（刘季平就是被关的一个）。这件事对他刺激很大。

办工学团时就不同了，陶先生采取与共产党合作的办法。主要依靠共产党及左派力量。这时国民党要派人到山海工学团来当教师，陶先生就不让进。1935 年，我入党了，他大概知道。我的哥哥张劲夫也是中共党员，我们是他的学生，政治上又与他合作。

由合作到接受党的领导，是 1935 年"一二·九"运动以后。1935 年日本帝国主义对中国的侵略日益严重，蒋介石采取"不抵抗主义"，我们党发表了"八一宣言"，他认识到共产党正确，就开始接受共产党的领导。他从自己碰钉子，从和共产党员的接触中，逐步认清了改良主义道路行不通，要走抗日救国的道路。这个人很好，他对学生不是训，而是"教学相长"，学生讲得有道理他就考虑接受。他的得力的学生都跟共产党走，他认识到共产党的主张是对的，开始接受共产党的领导。他曾经给我们讲过一个故事：柏拉图是苏格拉底的学生，有一次，柏拉图和苏格拉底辩论，柏拉图说，我尊重教师，我更尊重真理。陶先生教育我们：不要盲从教师，要服从真理。我们有时谈阶级斗争的问题、社会问题，他辩论不过我，就说："我是博士，也送你一个博士。"他过去重视农民不重视工人，我们就说：工人是大生产，革命性最强。开始他不接受，后来接受了。他在《锄头歌》里说，"光棍的锄头不中用，联合机器来革命"，这是受了共产党的影响。

"一二·九"运动以后，陶先生一直是接受党的领导的。

陶先生是一个伟大的人民教育家，是中国共产党的好朋友，是民主运动的一位领导人，他是民盟的发起人之一，是诗人。

从他本人的道德品质、修养看，是高尚的。陶先生有一句话："捧着一颗心来，不带半根草去。"像这样的党外革命知识分子对革命的贡献，我看是应有适当评价的。

但是从学术观点看，他不是百分之百的正确，也有一些问题值得我们探讨。如陶先生强调在做中学，不强调系统学习文化科学知识和理论。做中学有对的一面，但有不完全的一面。我是搞教育科学研究的，我认为人类的教育历史可以分为四个阶段：一是原始阶段。没有文字，那时是生活教育。二是到了奴隶社会，脑力劳动与体力劳动分离，出现文字，就产生了系统传授知识的学校，从这时开始，就有两种教育，一种是奴隶、农奴在生活中学习；一种是培养王公贵族，就是系统学习文化知识的学校。第三阶段到了文艺复兴时期，英国产业革命，出现了资本主义社会，工人要有文化才能掌握机器，因此，这时不仅要培养自己的统治人才，设立从小学、中学到大学的系统学校，同时要向工农普及教育。到了第二次世界大战以后，由于电子计算机、激光、航天技术、原子能等技术革命的发展，教育进入第四阶段，不仅要普及高中教育，将来还要普及大学教育，脑力劳动越来越多，知识要求越来越高，由于知识变化很快，因此对在职的人要再教育，终身教育就形成了。我们要从教育历史发展的过程看陶先生的教育思想，那些对我们搞"四化"是有用的，过分强调生活教育，忽视在学校系统学习知识，忽视理论，对学生的培养是不利的。

当然这个问题是不能怪陶先生的，它是历史的产物，受当时历史条件的限制。当时中国的农村有90%的文盲，城市有80%的文盲，都是用穷办法普及教育，他在这方面的主张很多，现在要实现四个现代化，光靠那些就不够了。

我们要像马克思评论黑格尔一样来评论陶行知的教育思想，他的教育思想中有其合理的内容，如他主张知识要学活，要创造，要创新，这是很对的。再有，我们主张教育上平衡发展，陶先生主张出头要自由（原对联：在立脚点要平等，于出头处求自由），你需要什么就给你什么，发展个人才能。这点，我们现在也是需要的，对培养又红又专的各种人才，是有指导意义的。特别是他在晚年办育才学校，是很成功的。因此，对陶先生的教育遗产要采取实事求是的科学态度。实践证明他的教育思想是符合教育规律的，我们就应当坚持，就应当学习；忽视书本知识、忽视系统理论学习的缺点，我们就避免，就改正。

陶先生去世得过早，太可惜了。如能活到现在，他会转变为马克思主义的教育家，他的教育学说会更加丰富，对人民的贡献会更大。陶先生没有完成的事业，由我们这些学生来继续完成。陶先生如果还在，他会同意这个观点的。他非常讨厌别人吹捧他，特别喜欢别人来和他辩论，他喜欢我的原因，就因为我常和他辩论。我的天文、地理、自然科学、社会各种知识，好多都是他给我的。他不是用灌的办法，而是用讨论的办法。中国有这个传统，孔夫子就是这样，和学生讨论，用启发式的教育方法。陶先生继承了中华民族优秀的教育传统，我们也要继承和发扬。中国现代教育史对陶先生的事业和教育学说会有实事求是的评价的。

我所知道的陶行知先生

张劲夫

我对陶行知先生是有感情的，因为他是我的老师，印象比较好。他是一位伟大的人民教育家。当然，不能把他的思想看成都是马列主义的。但作为一个教育家，他的事迹、学说有一定的研究价值。抗日战争前后，解放战争时期，在民主人士当中，他应该属于邹韬奋那样的左派人物。

1930年我进了他办的晓庄学校，这个学校是陶先生靠募捐办起来的，因为他本人当时流亡在上海，我在晓庄学校期间并没有见到过陶先生。那时候学校里有国民党、国家主义派，共产党员也很多，很活跃。后来学校被国民党封闭了，不少地下党员和进步学生被捕，有14位同学被杀害在南京的雨花台。

1932年"一·二八"事件以后，陶先生在上海化名写文章，他与史量才有点关系，经常在上海《申报》发表文章。后来他把这些文章编成了两本书，一本是《斋夫自由谈》，一本是《古庙敲钟录》。他还创办了"自然学园""儿童科学通讯学校"。他提倡儿童从幼年就开始培养喜爱科学的兴趣。后来，他又办了一些"工学团"。主要是在工人区、郊区农村中招收农民和工人的子弟，还有一些城市贫民的子弟。学生一边劳动、一边学习，按照他的话来说就是："工以养生，学以明生，团以保生。"团，就是团结、联合的意思。

工学团办在几个地方，其中比较大的一个是在上海市与宝山县之间的大场，名字也就叫作"山海工学团"。当时是马侣贤同志主办的，他是晓庄学校第一期的学生。在上海的北新泾也为工人农民子弟办了一个工学团，叫作"晨更工学团"。这个工学团是王观澜同志的爱人徐明清同志主办的。1931年"九一八"事变后，我参加了学生救国运动，对南京政府所作所为很不满意，就写了一封信给陶先生，要求到上海去工作，经他介绍，我便到山海工学团当教师。我是1932年冬天去的，一直待到1937年，后来还担任了工学团的团长，即校长。

"一二·九"运动以后，上海成立了救国会，我们也成立了国难教育社，陶先生担任理事长，他也是上海各界救国会联合总会的负责人之一。他积极参加救国运动。1936年下半年，他出国了。先到英国参加世界新教育会议，以后又到法国、美国、加拿大以及欧洲各国去宣传抗日。1938年回国后，就到重庆去了，这时，我已参加新四军，到抗日前线去了。我们也就没有再见过面。

从1932年冬到1936年夏，这四年左右的时间里，我和陶先生有不少接触，他是搞教育的，后来积极参加抗日救国运动。他一生办的教育事业很多，也写了不少文章和诗歌，我所知道的有限，从我和他接触中所得到的印象，对陶先生的看法是这样的：

他开始搞的是资产阶级改良主义，搞"教育救国""科学救国"。

他并不很清楚中国落后受欺压的根本原因，没有认识到政治上要推翻三座大山，要依靠人民群众、各界爱国人士的团结，要有共产党的领导，要执行新民主主义的革命路线，才能摆脱旧中国的贫困、落后、受欺压的状态，才能取得彻底的解放和真正的独立；他却认为人民受到了教育，有了科学知识，就能救国，因此，他就努力从事教育，以此救国。

但是，他搞教育是有特点的：

一是他从事教育的对象是劳动人民，他朴素地提出要为劳动人民服务，按他的语言就是搞"平民教育"，即《锄头歌》《镰刀歌》里描绘的"农民教育"。到了上海以后，他又看到了工人重要，把农民、工人、城市贫民统称为"劳苦大众"。他办学校、办事业都是为了"劳苦大众"及其孩子们。他在实际上做到面向工农，包括城市贫民和他们的孩子们。现在教育工会的方明同志，就是当年陶先生组织的"卖报儿童工学团"的团长。

二是他提倡的教育方法与当时的教育方法不同。他认为当时的教育方法是死读书、读死书、读书死，是没有多大用的。他强调联系实际，"教学做合一"，读活书；强调学生学习的主动性，提倡即知即传人，反对知识私有的"守知奴"，这是有一定道理的。但对文化知识的系统教育不重视，对教师的重要作用强调不够，这是他的不足之处。开始，他是赞成知行合一的，先头他的名字就叫知行，后来他认为应该实践在前，"行是知之始，知是行之成"，"知"是经过"行"才得出来的，所以他便改名为行知。

第三个特点是他有高度的事业精神，言行一致，说到做到的精神。

他是贫苦的教员家庭出身，本人也是依靠奖学金学习的，这和他具有为劳动人民及其子弟多受教育而努力的观点有关。在他的学生中，也是贫苦人民出身的多，赞成他的教育观点的学生也是贫苦人民出身的进步的知识分子多一些。当然，其中也有不好的学生，但大多数是进步青年。后来不少学生成了我们党的同志，还有的成了我们党的高级干部。

他的生活是非常艰苦朴素的。在上海时期，他本人和他家庭的生活费用基本上全靠稿费。他在上海报纸上登过"卖艺"广告，以写字、讲演、卖文为生。办学校、办事业就靠到处募捐。在上海工人区办的工人夜校，陶经常去做演讲，和工人接触。陶每周都下乡到山海工学团，有时直接和农民谈心，和农民小孩接触时，更是有说有笑，充满感情。他具有为劳动人民办教育事业的献身精神，他有一副对联："捧出一颗心来，不带半根草去"，说的并不过分。

他还具有学术民主作风，不同的意见可以听得进去，不管是错误的，还是正确的，都能听进去，这也是他以后能不断向进步方面发展的一个因素。

像这样一个爱国敬业的教育家，教育对象是广大劳动人民及其子弟，教育方法又是这样地注重读活书，注重实践，这就使他能够接触广大的人民群众，接触当时的社会实践，因此也就使他容易接受进步的东西，容易接近进步的组织和接受进步思想，这就不同于一般的"洋学生"了。在当时出国留过学的人们中间，像他这样是少有的。

"一二·九"运动以后，党的"八一宣言"传到了上海，陶先生很快就接受了，加上他的学生中有不少是地下党员，不断向他做工作，促使他直接参加了抗日救亡运动。

他在上海时期，每年3月15日（晓庄学校开学日）都作为"生活教育"纪念日，举行集会纪念，进行座谈。记得地下党同志每次座谈会都指出：改良主义行不通。问他"生活教育"的生活内容是什么，离不开政治，要他正视反动政府倒行逆施的现实，不能视而不见，空谈什么离开政治的生活。对此他总是含笑而听，深沉地思考。"一二·九"运动后，他就明确表态，当前的"生活"，是国难当头；积极赞成推行国难教育，组织国难教育社。

在他出国以前，我们谈过话，虽然他自己没有提出参加党的要求，但明确表示支持我们参加共产党的组织，说明他对共产党是拥护、支持的。在上海他所主持的单位里，地下党是占了领导地位的，成了我们党的重要活动据点。

由于他不断进步，逐渐认识到中国要独立富强，主要问题在于要打倒帝国主义、打倒反动派。他与胡适是同乡，早年也是要好的朋友，后来陶先生走向进步，他反对胡适的反动观点，曾作诗嘲弄他捉了五个小鬼，放走了一个大妖精（帝国主义）。

由于政治上的进步，也就影响了他的教育观点，他刚从美国回来时是赞成杜威的"教育即生活，学校即社会"的观点，后来改为"生活即教育，社会即学校"了。以后，虽然一直还用"生活教育"这个口号，但内容已经加了不少新民主主义、爱国主义的东西了。

他过去仅仅是同情劳动者，反对不劳而获。他有不少诗歌反映了他的观点和感情，如："只为阔佬烧大菜，那问穷人吃糟糠。""不做事，光吃饭，什么人？是混蛋。"……他早年丧妻，到40多岁要续娶，在《爱的播音》这首诗中说："大众在左厢；小孩坐中央。你若不篡位，万事好商量。"这足以说明他对劳动人民及其孩子们的感情是很深的。但他对劳动人民的认识，还不能说是已经达到像毛主席所说的那样"人民，只有人民，才是创造世界历史的动力"的高度。他仅仅是把自己摆在劳动人民的同情者、帮忙者的地位上，还没有完全达到依靠人民，和人民打成一片、结成一体的深度。但像他这样同情劳动人民，接近劳动人民，并且身体力行，是很容易进一步发展到与劳动人民相结合的，我认为把陶先生称为

"伟大的人民教育家"，他是当之无愧的。

总的来讲，陶先生是由一个资产阶级改良主义者进步到新民主主义革命运动的积极参加者。能不能发展到共产主义者？是可以发展到共产主义者的，他的进步倾向是日益和共产主义接近的。回想许多知识分子参加革命的道路，从爱国、救国出发，发展到为共产主义奋斗，有的并参加党的组织。其中有的走得快些，有的走得慢些，发展的过程也就是改造的过程。

实践是检验真理的唯一标准，从陶先生一生的活动来看，他原来是一位资产阶级改良主义者，后来积极参加抗日救国、民主运动，做了许多工作，在国民党的反动统治下，他的行动、言论具有他自己的特点，如他办教育，不靠国民党反动政府，采取民间办学的形式，虽然他与一些官僚、资本家仍有一些关系，但从不靠国民党反动派的力量，只是利用民间力量，靠募捐。陶先生本人对国民党、蒋介石是不满意的。在上海的各界救国会、民主进步团体中，他也起过不少好的作用，因此，成为国民党反动派迫害、通缉的对象。当时他在国民党统治区，是有很大影响的民主人士。因此，对他的思想、言论、活动等，要做全面评价，要做历史唯物主义的分析。

我觉得有三个问题需要实事求是地进行分析：

一是他和杜威的关系。他在美国上学时杜威是他的老师，杜威本人是资产阶级民本主义者，是实用主义者，提倡"教育即生活，学校即社会"，陶先生开始时是受到一定影响的，回国后也一度提倡过这个教育观点，所以有些人认为他就是杜威的门徒。我认为他早期确实受过杜威的影响，但他回到中国后，尤其是到了人民群众之中以后，就逐渐改变了观点。杜威是把劳动人民作为一种剥削工具，而陶先生不是这样看的，提倡"锄头、锄头（农民）要奋斗"，"联合机器（工人）来革命"，这就有了根本区别。按照毛主席关于知识分子五四运动以后所走道路的分析，他是向左走的，我认为到了后期，他与杜威已经完全是两回事了，不能说他一直是杜威的门徒。

二是和中国的王阳明的联系。开始他是赞成王阳明的"知行合一"的，后来改为行知，这虽然有些机械唯物论的东西，但毕竟与王阳明的"知行合一"不同了。他把亲知、闻知、说知分为直接和间接，把亲知，直接得到的作为主要的知识来源，他的主要论点"接知如接枝"，这是有道理的，但他又过分强调亲知，就有些片面了。总之，他后来是与王阳明根本不同了。

三是和武训的关系，陶先生曾经称赞过武训，今天看这已是历史。但他在国民党统治下，不依靠国民党反动政府来办学，他想采用武训向民间募捐的办法来办学，这是办学的方法问题。从政治上看，他的主张和武训那种不触及反动统治者，反而为反动统治阶级服务的思想是根本不同的。他的政治主张是从爱国、救国的思想发展到积极参加民主运动，听党的话。因此，把批判武训与批判陶行知简单地联系在一起是不好的，要具体进行分析。

从正面来讲，他与我们党的关系，也是由开始的同情发展到拥护和热爱。

从我知道的情况看，凡是与他接触过的人都或多或少地受到他的感染，与他有感情。因为他不虚伪、正直，为劳动人民办教育事业有坚持不懈的精神，有创造性的见解，在旧中国是不可多得的人物。旧中国一个人在青少年时期有这样一位老师也是不容易的。在上海时，他虽然没有什么钱，可我们一起吃饭的时候，总是他掏钱，从不让我们掏，他总是说比我们容易找到钱。他在处理一些日常小事方面也是很感动人的。

中华民族是伟大的民族，有许多优良的传统，他继承了不少，比如他在一首诗中说："……好好坏坏由人说，心中玉一块，恩怨有偶然，毁誉多意外，翻手成云覆手雨，朋友我不卖……"他的一生，是做到了这一点的。在旧社会像他这样留过学、有能力、有学问的人，追求个人升官发财是很有条件的，但他却视此如尘土，以为劳动人民多做事为乐，这是一种难得的为人民服务的精神。这一高尚精神是值得尊敬和学习的。

旧中国许多革命知识分子走上革命的道路，往往思想状况是复杂的，道路是曲折的，但主流是在日益前进，日益向着革命的方向走。因此，对于陶先生，我们也要全面地考察其一生的言行，抓住其主流。我认为他的主流是日益走向进步，走向革命。日益由同情劳动人民走向与劳动人民相结合。毛主席说：看一个知识分子是不是革命的，拿什么做标准呢？看他是否愿意并且实行与工农相结合。依此来看陶先生，是可以看清其主流的。

江乃文 整理

陶行知生活教育的一个缩影

强济和

手把个锄头除野草呀，

除去野草好长苗呀，

咿呀嗨！呀嗬嗨！

除去野草好长苗呀，

咿呀嗨！呀嗬嗨！

…………

　　这是 20 世纪 30 年代初期曾经流行于无锡地区小学的《锄头舞歌》。这首歌是伟大的人民教育家陶行知先生创作的，反映了他的生活教育思想。无锡河埒口小学[①]就是当时师生引吭高唱《锄头舞歌》，积极推行陶行知生活教育而闻名的一所乡村小学。1934 年，笔者曾负笈就读于该校六年级，度过了一年的学习生活。现根据回忆，将该校的办学情况做一些介绍：

---

① 河埒口小学的校址，在今无锡市郊区河埒口，现已更名为育红小学。

河埒口小学的前身是开原乡立第一小学，是一所进步的乡村学校。1926 年 10 月上旬，陶行知先生曾来开原乡立第一小学考察，那时校长是潘一尘。陶行知考察后就撰写《无锡小学之新生命》一文，称赞该校"用最敏捷、最切实的方法引导学生组织积极的活动"，"为中国造就能组织、能团结、能为共同幸福从事共同活动之新国民"，因而认为这是"无锡小学之新生命"。30 年代初期（抗日战争前）的河埒口小学继承和发扬了这个光荣传统。校长陆静山、教师强济昌、杨鸣东、吉菊潭、浦振鸥、孙凤英、顾云等，是陶行知的学生（南京晓庄乡村师范毕业）或信徒，他们志同道合，按陶行知"教师要到眼面前的乡村去改造学校、改造环境"的主张，在办学中，致力于生活教育的实验。陶行知倡导的生活教育，有两句著名的口号："生活即教育，社会即学校。"它的含义是：学校应以生活教育为中心，而生活来源于社会，社会才是一所大学校。该校曾把这两句口号以对联的形式贴在大礼堂的柱子上，十分醒目，师生人人知晓。根据这一教育思想，学校教育与社会政治、生产劳动密切结合，坚持理论联系实际，反对读死书、死读书、读书死，也就是陶行知所提出的"教学做合一"，即"先生要在做上教，学生要在做上学"。培养的学生，要求具有"科学的头脑，劳动的双手，艺术的兴趣，健康的体魄，改造社会的精神"。

学校的各科教学，不沿袭陈法，注重实际，注重培养学生的能力，教学方法灵活多样。我读六年级时，国语（即语文）老师讲授课文，一般略述大意，重点读讲，帮助学生理清段落层次，主要让学生自己阅读思考，记笔记，笔记内容包括查字典注释词语、概括段意、归纳要旨、摘录佳句等。这样，学生的阅读分析能力不断得到提高。在写作指导方面，很少命题作文，着重要求学生天天写生活日记，勤练笔头。校长陆静山先生，研究儿童教育，收集整理了一些有教育意义的儿童故事。有一段时期，他曾利用每天早操后的十分钟，给全体学生讲苏联的儿童故事《表》，连续讲了二十多次，学生听得津津有味，国语老师就同时要求我们六年级学生把这个故事的情节连续记在日记本上，以练习听讲和记叙的能力。学生的课外阅读是与写作练习有机结合的。当时六年级学生大多订阅了一种进步的少年儿童刊物《儿童新闻》（该刊在无锡出版，陆静山、强济昌兼任编辑），作为丰富生活的"精神食粮"。在这个刊物上，也常常发表老师指导我们学生投稿的作品，如诗歌、散文、小故事等，反映了我们的学习生活。学校里的"小图书馆"，购置了一套社会、自然科学丛书《万有文库》（王云五编，商务印书馆出版），许多学生喜欢借阅关于古今中外革命家、科学家、发明家的传记和故事，如我国的林则徐、洪秀全、孙中山、张衡，外国的华盛顿、牛顿、瓦特、爱迪生等。教师加以指导，学生不是泛泛而读，阅读后都要写学习心得，并进行交流。当时，五、六年级的常识分社会、自然两门课程。在社会课上，教师经常补充新的教学内容，如讲一些革命道理，介绍苏联的十月革命和社会主义等，还谈到中国只有走苏联革命的道路，才有希望。在自然教学中，教师经常结合书本知识，指导学生做些实验，如采集植物标本，制作简易的矿石收音机等，学生动脑动手，既增加了感性知识，又提高了学习兴趣。

学校重视劳动教育。劳动教育有一个显著的特点：教师身体力行，和学生打成一片。师生们曾发扬勤俭办学的精神，自己动手，修缮一部分破旧的校舍；平时经常从事清洁卫生和管理花木等劳动，绿化校园，美化环境。校内辟有一块小农场，主要由教师和高年级（五、六年级）学生锄地种菜。劳动时，教师都脱下长衫、旗袍，卷起裤管，带领学生干得热火朝天。有些教师赤脚挑水、浇粪，不怕脏，不怕累，活像个农民，给学生以活生生的教育。为配合生产劳动，师生们都练唱了《锄头舞歌》和《自立歌》。《自立歌》也是陶行知先生所创作的，歌词是："滴自己的汗，吃自己的饭。自己的事，自己干；靠人靠天靠祖上，不算是好汉！"开展生产劳动，有时还与体育活动结合起来。在一次校运动会上，高年级的比赛项目中，有一项"挑水"赛跑，这项比赛主要比经受劳动锻炼的学生挑一担水（两提桶）的本领，看谁跑得快，挑得稳，比赛热烈而别开生面。通过劳动教育，培养了学生艰苦奋斗、勤劳俭朴的精神，并形成了良好的校风。

1934 年间，在"九一八"事变和"一·二八"事变之后，我国内忧外患，正处在危急的生死存亡关头。针对当时形势，学校加强爱国主义思想教育，注意培养学生对祖国的主人翁责任感。校长、教师经常给学生作时事报告，讲抗日救国的道理，谴责蒋介石国民党的不抵抗主义和"剿共"打内战的政策，以提高大家的认识。同时组织学生举行时事讨论会、演讲会，走上街头宣传抗日。在一次庆祝"双十节"（国民党统治时代的国庆节，即 10 月 10 日）的时候，学校举行了规模盛大的游行提灯会，掀起抗日救亡运动的热潮。全校 200 多名师生都手举花灯（制成鲤鱼、兔子、飞机等形状的彩色灯）、彩旗，到附近青山湾一带村庄游行宣传。花灯、彩旗上写有"打倒日本帝国主义""收复东北失地""还我河山""同胞们团结起来一致抗日"等口号。师生们游行时，激昂有力地高呼口号，高唱《义勇军进行曲》（今天用作国歌）《松花江上》《毕业歌》等抗日救亡歌曲。这次的游行提灯会受到当地群众的热烈欢迎，起了很大的宣传鼓动作用。

实行"小先生制"（开展小先生活动）是陶行知生活教育思想的重要组成部分，也是河埒口小学推行生活教育的一项重要实践。"小先生制"就是根据"即知即传人"的原则，小学生组织起来，发挥小先生力量，去教不识字的劳苦大众，特别是穷苦儿童。按照陶行知的理论，就是"穷社会重用小先生"，"用穷的方法去普及穷人所需要的粗茶淡饭的教育"（见陶行知《中国普及教育方案商讨》，"粗茶淡饭的教育"意思是普通的起码的教育）。当时，学校的小先生活动在高年级学生中开展。通过发动和组织，大部分学生是回到家里去教没有机会受到教育的父母兄弟姐妹或邻居（多半属农民）。一部分学生则走访街头和附近马路旁边棚户的一些摊贩、黄包车夫（当时无锡地区对人力车夫的称呼），每人交一位知心朋友，上门教他们识字。所用教材，是翻印陶行知亲自编写的《老少通》千字课本。课文都是采用诗歌形式，语言大众化，往往反复吟咏，读起来朗朗上口，通俗生动，饶有趣味。课文内容多样化，都是寓思想教育于识字教学之，有反映劳动人民的生产生活，反对帝国主义侵略，讽刺官僚统治，揭露封建剥削、迷信，介绍大众科学知识，等等。例如："青菜、豆腐；青菜汤，豆腐汤；青菜豆腐汤。"这是第一篇课文，写了普通的饭菜，是贫苦农民生活的写照。"我是穷光蛋，与你何相干？可恨势利狗，单咬破布衫。"这篇课文用了第一人称，写狗咬穷人，寓意深刻，是为劳动人民鸣不平。"人生两个宝，双手和大脑。用脑不用手，快要被打倒；用手不用脑，饭也吃不饱。手脑都会用，才算是开天辟地的大好佬！"这篇课文是一首富有哲理性的《手脑相长歌》，提倡理论与实践相结合的学风。小先生的教学活动在课余或晚上，主要由级任（即现在所称的班主任）和国语老师辅导。学生们当了小先生，人民树立了"负起普及教育的重要使命"（陶行知对小先生的评价）这个信念，因此都能勇于实践，克服困难，以认真负责的态度备课教课，有的还利用卡片教生字，联系实际讲课，提高了教学效果。为了加强联系，扩大小先生运动的宣传，学校曾组织举行了小先生与工农学员的联欢会，并邀请各界人士参加。在联欢会上，小先生还演出了具有强烈现实意义的两个文艺节目：《锄头舞歌》表演唱和话剧《五奎桥》。《锄头舞歌》既是劳动之歌，又是象征性地唤醒农民起来革命，同时号召与工人联合起来的革命之歌（歌词的末尾一段是这样的："革命的成功靠锄头，锄头锄头要奋斗，光棍的锄头不中用，联合机器来革命"）。《五奎桥》是戏剧家洪深同志于30年代初创作的优秀话剧，描写了农民在抗旱中与地主乡绅激烈斗争的故事。这两个节目的演出，扣人心弦，使工农学员深受鼓舞。小先生们通过一系列的活动，不仅帮助工农群众提高了文化思想水平，作了普及教育有意义的尝试；同时也使自己更多更好地了解社会，向社会学习，培养了联系群众的好作风，并在实践中增长了才干和智慧。

河埒口小学积极推行陶行知倡导的生活教育，当时就无锡地区的乡村小学来说，是独树一帜，在教育界有较大的影响，这在无锡的教育史上是应该写上一笔的。这个学校的各项教育措施，虽然是在30年代的特定历史条件下实行的，但它的事迹和一些经验，对于我们今天办好社会主义学校，培养四化建设人才，有值得学习和借鉴之处；对研究陶行知先生的教育思想也有一定的参考价值。

陶行知先生哺育下的安庆幼童工学团

戴哲人

1935 年 2 月 17 日下午，在安庆西门外鸭儿塘畔的狮子山的山腰里，举行着一个十分有意义的典礼，这就是安庆幼童工学团下达"普及教育总动员令"大会。参加这次大会的都是十二三岁的孩子，他们是怀着振兴中华的强烈愿望，集合到这里来的。下这个"普及教育总动员令"的，是陶行知先生派来的、他的学生楼化蓬同志。

成立经过

1935 年安徽省教育厅厅长杨廉，为了普及教育，特聘请我国著名的教育家陶行知先生来安庆讲学，与之同来的还有黄麓简易乡村师范的校长杨效椿等。那时我正在安庆高中一年级读书（《皖报》安庆版在 1935 年本市新闻栏里登载安庆幼童工学团活动消息时，曾误称我们是安庆高中师范科二年级学生）。听到这个消息，我就与同班同学王镇平[①]、周国宏等三人旷课，到安庆吴越街皖钟大舞台听他的讲演。这一天他正在讲《小先生能破十七关》1935年3月在《中华教育界》发表的《普及现代生活教育》一文，就是在这次讲演基础上整理出来的）。我们听着，很有启发，做了详细的记录。陶先生讲过以后，我们提出一些问题向他请教。陶先生看我们这些孩子（那时我们都是十五六岁的大孩子）对他的演讲这样有兴趣，并能提出这些问题，很高兴，就约我们晚上到他的住处谈谈，当时他与杨效椿都下榻在东门大栅子老教育厅内。

我们遵时前往，还有几个小学生也随同一道去的。这时陶先生正在和人谈话，还没有吃饭。陶城也跟着陶先生来了，我们就和陶城在院子里玩。他送走客人，就与我们边吃边谈，他除询问了我们的家庭和学习情况外，主要是问我们听了他的报告有些什么感想和想法。由于当时我们都怀着一颗热爱祖国的心，正寻求救国的道路，读过一些进步书籍，也接触过布衣教育家邰爽秋的"教育救国"论和梁漱溟的"乡村教育论"，还有晏阳初的平民教育论、胡适的"五鬼论"[②]。我们即根据那时的认识，谈了一些抗日救国的形势和当时教育的弊端。他边听边分析我们的谈话。由于他的报告主题是"小先生""普及教育"，所以谈话的中心还是这些问题。以后他说，我们办教育的目的，就是要改造社会，就是为了救国，你们可以团结一些小朋友，把他们组织起来，成立一个"幼童工学团"，推行小先生制，来普及教育，宣传救国救民的道理。这次谈话，使我们初步认识到教育与救国救民的关系，把教育作为唤起群众的手段，就是唤起群众来救国。所以在解放后，有人说陶先生是一个"教育救国论"者。我就反对，

---

① 王镇平，1938年到延安，后在陕西八路军中任营教导员，1942年以后无消息。
② "五鬼论"，即称贫、弱、私、愚、乱为"五鬼"。

因为我第一次与陶先生见面的谈话，陶先生并不是只谈教育，着重谈的还是抗日救亡、改造社会，是唤起民众来救国。与当时晏阳初、胡适等的思想就有着本质的区别。这次谈话给我们的印象很深，也指引了我们前进的道路与方向。以后又听了陶先生几个报告和杨效椿的一次讲演，并随同陶先生参观了"彻行农职"。在他临走前一天晚上，我们把成立安庆幼童工学团的设想向他做了汇报，他帮助我们研究了整个计划。当时我们提出了我们不知如何进行工作，请他给予指导。他就向我们介绍了他的"教学做合一"的思想，教我们边学边干，不要墨守成规，不要迷信专家，最后他说：你们也可以到杨效椿（当时杨在座）那里去看一看。第二天我就随杨效椿到巢县黄麓乡村简易师范。杨效椿这个人和陶先生不同，他看我是个小孩子，瞧不起我们。第二天下乡他坐着轿子，叫我跟在轿子后面，我心里很反感，在巢湖边看了几所学校，第三天就回安庆了。我即写了封信给陶先生，报告到黄麓的情况和想法，我说："我在黄麓看到的和你讲的不一样。黄麓办的教育只有你所提倡的一些口号，与其他学校并没有什么特殊。这样的教育，并不能起到唤起民众来救国的作用。"陶先生立即回了我一封信，赞扬我们思想解放、我们的创造思想，寄来《山海工学团》《古庙敲钟录》等一些书给我们，并告诉我们一个消息说："我马上派几个学生到安徽去搞普及教育，推行小先生制，他们会指导你们如何来办安庆幼童工学团的。"我们首先接触的就是陶先生派来的楼化蓬、程本海两位同志。当时程本海在第一民众教育馆辅导股工作，他愿意为我们"安庆幼童工学团"提供一切方便。楼化蓬同志当时也住在老教育厅，那时他也才20多岁，我们把他当作我们的老大哥，同时我们也认为他是共产党（据他以后谈，那时他还没有入党，是共青团员）。在他的帮助下，我们安庆幼童工学团正式组织起来了。这个团以儿童为主，由当时登云坡小学六年级学生杨竟成①为这个团的团长。我们几个中学生当辅导，并决定由我任总辅导。团以下暂先成立三个区队。每个区队设队长一人，辅导一人。中区队队长由张重九（县门口小学五年级学生）、余文谟②（登云坡小学五年级学生）担任，辅导员由周国宏担任；西区队队长张秀琴（大观亭小学五年级学生）担任，辅导员由我兼；南区队由徐××担任队长（名字已忘，也是登云坡小学六年级学生），辅导员由王镇平担任。还准备向东、北门发展。

由于我们是打着推行"小先生制"的口号，即向当时省教育厅写报告，请求给予我们合法地位和经济上的补助。接见我们的是当时省教育厅主任秘书郭让白。由于陶先生走后，"小先生制"正在安庆各小学中推行，马上得到批准，并每月补助活动经费10元。不过不允许我们叫"工学团"，要我们改为施教团，我们口头答应了，实际上未改。

工学团成立了，首先是下"普及教育总动员令"。由于我们都是一些小孩子，根据陶先生的"即知即传人"的教导，教小孩子教书。这件事也不是那么简单的。我们利用星期天，在市民众教育馆礼堂办小先生训练班，由当时陶先生派到安徽来的戴飙、黄志诚等同志轮流讲解如何当好小先生，如何解决纸、笔、墨、砚、书籍等问题，并定期召开各种形式辅导会议，在民众教育馆举办"小先生训练班"等。这时我们的工学团员已增加到65人了。

---

① 杨竟成，1938年在皖北抗日战争中阵亡。
② 余文谟，原在北京中华书店工作。

粥厂施教

不久接到当时地下党负责人吴鼎一[1]通知，叫我们到西门外新街难民所（粥厂）施教。

1934年安庆地区大旱，赤地千里，民不聊生。当地一些慈善家通过募捐，为逃到安庆的难民办起了粥厂，每天供应难民三餐粥。原来准备办两个难民收容所，东、西门各一个，以后只办起了西门一个，叫第一难民所，由于难民所只施粥，老百姓叫它粥厂。

我们每星期去三个晚上，每一区队担任一天，负担不重，识字的内容，是地下党把一些进步的口号乱编在字册里。每次施教前，由区队下达教学内容，把砖头当黑板，一个小学生教三四个人，每次教三到五个字，教会就走。在教识字时，也宣传一些救国救民的进步思想（这都是在辅导会议上研究布置的）。因为在我们团员中大多数人家庭较富裕，对人民的疾苦并不了解；在施教中接触了劳苦大众，启发了他们的革命思想。这些教学活动，使教育者、被教育者，都受到教育。

被迫解散

工作进行了一个多月，我们的活动被特务发现了，说我们在宣传"赤化"；另发现有人贴出了"打土豪、分土地"的标语，说是我们干的，说我们是共产党操纵的组织，把我们赶出了粥厂。第二天我们就接到省教育厅通知，不准我们再到粥厂去施教，不久粥厂发给每个难民一点米，宣布

---

② 吴鼎一，在安庆地下党担任一定的领导职务。在安庆市总工会、吕八街印刷厂工作过。

解散了。

安庆幼童工学团刚刚起步，就受到这种波折，我们就写信给陶先生，陶先生对我们的活动极为赞许，并教育我们要迎着困难上。这时楼化蓬同志已派往屯溪，我们这个团由当时分配在池州辅导区的宋泽甫同志辅导，也就是我们与省教育厅的联系人。粥厂施教停止后，宋泽甫就叫我们规定小先生任务，包教包学，每一个小学生负责三个不识字的，用"老少通千字文"（是安庆第一民众教育馆供给的）作教材，每月检查一次。

由于我们在粥厂施教，这个团也就与共产党沾上边，尤其是我们一方面教人识字，同时还宣传女子剪发、放足，反对包办婚姻，为一些童养媳打抱不平。这些进步思想和活动，在当时白色恐怖笼罩的安庆，当然是十恶不赦的。同时，我们是高中一年级学生，根据国民党政府的规定，这一年开始要集中进行军事训练两个月。在我们未离开安庆时，就接到省教育厅通知，命令我团解散。表面的理由是：目前各个小学都在推行小先生制，你们这个团再活动，增加学生负担，影响教学质量；这个团的骨干都是小学毕业班的学生，也影响各校的升学率，各小学校长到厅里反映，要求解散这个团。这个葫芦卖的是什么药，明眼人是骗不过的。

7月军训结束，面临这样局面，我们如何办？我即写了一封信给陶先生，想到上海"山海工学团"去看一看，陶先生欢迎我去。但这时陶先生行动已经不自由了，他叫我先到上海愚园路自然科学馆找戴伯韬。我在自然科学馆住了一周后，才由人带我到红庙，由一位小先生向我介绍他们推行小先生制的情况，我还参加了一次少年座谈会，并参观了大场的幼儿园。大概过了几天，陶先生才在一位农民家里接见了我。对于安庆幼童工学团的情况，经过他的分析，已经无法再进行活动了。我请求留在"山海工学团"，他认为我现在还在读书，来上海时家里人也不知道，劝我还是回安庆，只要有这颗心在，"在哪里都是一样闹革命"，并送我路费一块钱。这样我又踏上回乡的征途。

回到安庆后，我们幼童工学团内大一些的团员，有的已考取了中学，有的由于家庭环境困难，已经到商店、到工厂去当学徒了，以后的活动更加困难，我们只能做一点教人民识字的活动，不敢大张旗鼓地进行救国宣传了。陶先生对我们还很关心，经常寄材料、寄书给我们，指示我们前进的道路。

1936年政治局势更加恶化，蒋介石反人民的凶焰在安庆燃烧更加炽旺，不知道什么原因，我接到学校的退学通知，我问学校："为什么要开除我？"学校说："这是上面决定的，我们不知道。"不久得悉七君子事件，陶先生第二次被通缉。我与陶先生的关系也就暂时断绝了。加之王镇平由于家庭经济困难休学到上海某书局当学徒，骨干力量分散、削弱，这个团也销声匿迹，无法再活动了，不得不宣布解散。

安庆幼童工学团的成立和活动，前后不到一年，时间不长，但它是陶先生亲自精心培育的，也随着陶先生的被迫害而消亡。从这件事中也可以看到陶先生教育思想与行动的光辉。

陶行知二十六国行 *

杨明远

国民外交使节

　　1936 年 7 月 11 日，邹韬奋在香港主编的《生活日报》第一版上刊登了一条通栏消息，大标题是："大众教育家陶行知今日出国"，小标题是："参加世界新教育会议，考察英、法、德、意、土、苏联、美国新文化状况，宣传中国文化及救亡运动的实况，征求世界人士对太平洋集体安全的意见。"陶先生对该报记者说明此行的目的任务："我特别注意的是向会议报告中国的现状、中国大众文化运动和救亡运动的实况，以及中国大众当前英勇奋斗的事实。我要借此次国际会议粉碎日本帝国主义者在国际上的

＊　根据陶行知海外工作日志 1938 年 8 月 17 日记载："统计二年来之行踪：五次进英国，七次进美，六次进法，四次进加，三次进比，三次进德，三次锡兰，二次埃及，二次印度，二次新加坡，一次墨西哥，一次爱尔兰，一次捷克，一次荷兰，一次瑞士、奥、匈、保、南、希、巴勒斯坦、黎巴嫩、吉布地、爱登、安南、柔佛、意大利、香港。"解放后陶宏整理陶氏日记，编写成《陶行知出访廿八国日志》，实际上香港和当时的巴勒斯坦为地区，故作"二十六国"。——作者附记

武断宣传。让世界公正人士明了中国的一切。自然我也要报告中国的新教育者如何在艰难困苦中，用教育的工具改变中国的实践。"陶先生又谈到在伦敦参加世界新教育会议后，准备做世界旅行，以进一步达到上述的目的任务，尤其是要"唤起侨胞参加救国运动"。当时陶先生是上海文化教育界救国会的执行委员，受全国各界救国联合会（简称全救会）的委托，乘出国之机到世界各国宣传抗日反帝，动员海外侨胞支援祖国抗战，并争取国际友人的同情和赞助。所以当时进步人士都说陶先生是"国民外交使节"。

出国前夕，陶行知在香港和他的亲密战友邹韬奋，对胡愈之起草的《团结御侮的几个基本条件与最低要求》作了修改，两人先行签字，然后由韬奋持至上海与沈钧儒、章乃器作最后修正，7 月 15 日四人联名发表。8 月 10 日得到中共中央的复信，声明："我们同意你们的宣言纲领和要求，诚恳的愿意与你们合作，与一切愿意参加这一斗争的党派组织或个人合作……来共同进行抗日救国的斗争。"这两个文件的发表，代表了亿万爱国人民的共同愿望，起了振聋发聩、鼓舞人心的作用。陶行知后来在巴黎全欧华侨救国联合总会成立大会上，又作了关于团结御侮的"再度说明"，引起广大华侨的热烈反响。

热心为中国工农大众服务的教育家陶行知，当时作为抗日救国运动的群众领袖。作为全国救国会的代表，满怀救国热情，肩负起国民外交使节的重任，走向世界，行迹遍及欧美、亚非 26 国，目的是把抗日救国联合战线的种子散布到世界各个角落去。

在欧洲参加一系列国际性会议

世界新教育会议与一般教育会议不同，是对教育事业持有新信念的人交换意见和进行研究的国际性机构，他们认定教育是创造新世界的一种工具，希望通过教育改变现实，创造新世界向前发展的条件。因此这一会议讨论的范围，并不局限于教育。

陶行知先生于 1936 年 7 月 31 日到 8 月 14 日在伦敦参加世界新教育会议第七届年会。这次会议共有 50 余国代表参加，中国被邀请的教育家共三人，陶行知是其中之一。[①] 在会上，陶先生报告了中国大众教育运动与救亡运动的实况，着重介绍了工学团与小先生制在运动中的作用，引起许多代表的注意和赞赏。

9 月初，陶行知和钱俊瑞、陆璀在日内瓦参加世界青年和平大会后，立即赶到比利时布鲁塞尔，参加世界和平大会。各国代表到会的有 4900 余人，中国代表团公推陶行知为代表团主席，并决定由陈铭枢、陶行知、王礼锡、胡秋原四人参加大会主席团。陶行知还参加教育组会议，钱俊瑞参加青年组讨论，其他代表都参加分组讨论。陶先生向世界拥护和平的人士报告日本破坏和平与我国民众为拥护和平而反抗侵略的救国运动，博得了各国代表的赞扬与同情。

大会结束时，陶行知被推选为中国执行委员，他又为中国代表团起草了一封致世界和平大会主席书："为使国际和平会议在远东更有效的发展，以及使这个运动在远东与西方有密切的联系，我们参与比京会议的中国代表诚恳地请求大会的常务会议尽速派遣代表到中国去，以资常务委员会与

---

① 另有南开大学的张彭春和中山大学的崔载阳，崔因事未赴会。

中国分会有以联系。我们深信大会此举对世界和平与正义的运动大有裨益，而为中国人民所欢迎。"

大会结束后，陶先生又和钱俊瑞、陆璀等于 9 月 12 日到达巴黎，受到中国学生会和华侨抗日救国会的热烈欢迎。陶先生在欢迎会上发表演讲，题目是《怎样才可以救中国》。他说，我们首先要问谁是危害中国的敌人？他痛斥日本帝国主义五年来侵占中国大片国土。几千万同胞受剥削被奴役，强调指出"要救中国，没有其他办法，只有抵抗。""抗日的办法有三种，第一是经济抵抗，第二是文化抵抗，第三是武力抵抗，三者要并行。"他还提出，要建立联合战线，要有三种联合。第一，国内联合，最主要的是国共要合作。第二，我们的敌人是日本帝国主义，日本的老百姓也是受日本军阀压迫的，我们应当和尊重民族平等的日本人联合起来。第三，全世界爱好和平的人也要联合起来。他的这些讲话，引起听众的热烈鼓掌。

"九一八"五周年时，前来参加欧洲华侨抗日救国联合大会的欧洲各国华侨代表团聚集在巴黎，举行各种各样的纪念会。在巴黎中国学生会举行的纪念会上，陶行知和陈铭枢、吴康、钱俊瑞等都发了言。陶先生讲话时特别指出，全国各界救国联合会已踏上国际政治舞台，在布鲁塞尔世界和平大会和日内瓦世界青年大会上，中国代表团曾提议建立太平洋地区集体安全制度，以保障东亚和平。他的讲话使海外侨胞得到很大的鼓舞。据巴黎《救国时报》1936 年 9 月 30 日报道："自从国内抗日救国团体派赴世界和平大会及世界青年大会代表陶行知、钱俊瑞、陆璀到欧后，即竭力鼓吹建立全欧华侨抗日救国之总机关，一时各国侨胞纷纷响应，乃由陶行知、王海镜、胡秋原诸先生于 8 月 24 日发表告海外同胞书，号召全欧侨胞不分党派，不问信仰，在抗日救国共同目标之下，团结一致，举行全欧华侨抗日救国大会。"后来又报道："陶先生及英、法、德各国侨胞在巴黎举行筹备会，负责邀请各国侨胞选派代表来法出席并起草各项章程及文件，筹备一切事宜。"同年9月20日，全欧华侨抗日救国大会在巴黎正式开会，到会的有欧洲各国侨胞代表及各地来宾400余人，还有不少侨胞函电大会，表示热烈祝贺与拥护。这次大会表明旅欧华侨在抗日救国旗帜下的伟大团结，盛况空前。陶行知在大会上作了重要讲话《团结御侮的几个基本条件与最低要求之再度说明》，大声疾呼要停止内战，建立抗日救国联合战线，并结合十二点说明朗诵了十二首小诗，非常生动而有说服力。大会着重主张南京政府应立刻停止"剿共"军事行动，由人民救国团体隔断双方阵线，互派全权代表，负责谈判停战和抗日协定，同时邀请其他党派参加救国联席会议，协议救亡政策及具体办法。

在美加为抗日救国奔走呼号

1936年11月初，陶行知从英国出发赴纽约，在美洲访问了一年半，大部分时间是唤起华侨团结起来，支援祖国抗日救亡，同时争取国际友人的同情援助，其中不乏可歌可泣的动人事迹。

陶行知抵美后，访问了许多华侨组织和学校，介绍中国的青年运动和人民抗日救亡运动，宣传中国必胜的道理。当时美洲华侨组织复杂，各立门户，常有纠纷，甚至发生自相残杀的"堂斗"，有一年"堂斗"死了六七十人。通过陶先生和其他进步人士的说服帮助，终于使他们捐弃前嫌，团结起来，共赴国难。许多城市的华侨成立起抗日救国会。开展义卖捐献活动，推行救国公债。

在此期间，陶先生到处奔波，参加讲演会、座谈会、读书会，有时还教救亡歌曲，组织华侨歌咏队。在陶先生促进下，1937 年继"旅美华侨统一捐献救国总会"成立之后，又组织纽约华侨举行万人游行。最令人感动的是有些华侨领袖从前因政见各异，互不团结，此时在救国活动中变成了亲密兄弟，坐在一起开会办公，共同战斗。陶先生在回国后的一次报告中曾说："美国新华侨是从旧的背景里活跃出来的，好比是新生的孩子。我也可算是接生婆之一。"又说："新华侨的努力救国，不但是美国如此，我所到的各国，同胞们都表现相仿佛的精神，这是可为祖国庆贺的。"

陶先生一面充分运用自己在美国的社会关系，做争取国际友人的工作。一面动员华侨多交外国朋友，扩大国际影响。他告诉华侨，交朋友要把个人的朋友变为中华民族的朋友，这就首先自己要有抗战必胜的信心，才能起到国民外交的作用。在陶先生的倡导和鼓舞下，许多爱国华侨参加了国民外交活动的行列。最突出的是从事洗衣工作的华侨，在陶先生的启发指导下，用很多小纸片，印上"请不要买日本货"等内容，放在洗好的衣服口袋里，收到了很好的宣传效果。陶先生后来还写了一首《衣联歌》勉励洗衣工人："洗去中国的国耻，洗去世界的罪恶。……兄弟们联合起来，拿出我们的真本领！"当时华侨抵制日货非常认真，连小孩子都懂得宁可穿得破旧也不买东洋布。陶先生特为写了一首小诗："好少爷，真不错，宁可裤子破，不买东洋货。如买东洋货，没人嫁你做老婆。"陶先生还和爱国华侨一道做码头工人的工作，说服他们不要搬运军事物资到日本去，于是一方面大批日本货在美国卖不掉，另一方面码头上成堆的军用物资运不出去。后来日本派了一个工头到美国，找了两个工会都碰壁，又去找旧金山码头工会领袖卜立哲斯，也受了一顿严厉的教训，垂头丧气而去。当时的中日宣传战，由于陶行知和进步人士以及广大华侨的共同努力，是打了胜仗的。

陶先生在美国从事国民外交，逐渐改变了有些美国人认为"中国人是懦夫"的思想，转而尊重中国人。他无论到何处演讲中国抗战情形，入场和出场的时候，听众都全体肃立。表示对英勇抗战的中国人致崇高的敬意，在演讲的时候，一提到中国反抗侵略，听众即一致欢呼，一致鼓掌。当时美国各派都有人同情并援助中国抗日，但各不相谋，后来看到中国人团结抗战和华侨的联合，也经常召开联席会议，商讨援华问题。

陶先生为了更好地说服美国人禁运军事物资支持日本，曾在1937年11月和爱国华侨胡敦元、林霖、林雨苓等创办了"中华经济研究社"，对日本军用材料的来源及购买力进行研究，结果得知1937年美国运日军用材料占日本进口军用材料总额的54.4%，从美国输入日本的废铁占输入总额的90.4%。陶先生就用这些事实在各种集会上宣传，促进对日禁运。1938年5月4日在洛杉矶5000人的集会上，陶先生又揭露"日本在中国杀死一百万人的时候，有五十四万四千人是美国军火帮助杀死的。"在座的美国国会议员司各特先生立起对听众说："请大家记着，日本在中国杀死一百万人的时候，有五十四万四千人是美国帮凶而杀死的，凡不愿做帮凶的人请站起来！"全场一致站立，表示禁运决心。后来这个研究材料载入美国国会公报，成为对日禁运的重要根据。

1938年3月，陶先生第四次到加拿大访问，从东到西，沿铁路线到处演讲、广播或座谈，或教救亡歌曲。4月14日，在华侨集中的温哥华市，由加拿大医疗界援华会主持召开大会，陶先生发表了激动人心的演说。他首先感谢加拿大人民对中国人民的支持，感谢他们募捐和征集医疗物资，派人支援中国人民作战，然后介绍中国人民在敌后进行游击战争的情况，宣传中国人民抗日救国的决心。当时温哥华市华侨抗日救国总会曾举行抗日救国大游行，汽车上的炸弹模型上面写着："不要帮助日本侵略中国！"加拿大的妇女团体也上街宣传禁运军用材料到日本。这次访问加拿大，历时一个多月，对加拿大人民和华侨做了大量深入细致的宣传工作，他本人演讲的门票收入和华侨捐款都寄给香港保卫中国同盟，托宋庆龄买医药用品转交白求恩医疗队。解放后，加拿大进步人士来华访问时，还提起陶行知是中加人民友好的第一个使者。

联合旅外华侨及国际友人营救"七君子"

1936 年 11 月，全国各界救国联合会的领导人沈钧儒、章乃器、邹韬奋、李公朴、史良、沙千里、王造时七人在沪被捕，海内外爱国同胞和国际友人大为震惊激愤。世界和平理事会曾于 12 月 21 日致电南京国民党政府，对于中国分会委员沈钧儒等被捕提出抗议。1937 年初，陶行知在美国和冀朝鼎、陈其媛、胡秋原、柳无垢、陆璀、李信慧等 33 人发起援救爱国七领袖及马相伯先生运动，发表《旅美华侨告海外同跑书》，揭露南京政府镇压抗日救国运动，并提出三点要求：一、立即释放爱国七领袖，立即允许马相伯先生返沪；二、确认日本为全国之公敌，救国为国民之权利与义务；三、立刻对日抗战，切实保障人民救国运动。并征得华侨 300 多人签名赞同。

陶行知等还在美国联络知名学者、教授发起援救，于 1937 年 2 月初致电南京当局，对于上海全国各界救国联合会七位学者被捕，表示严重关切。署名者有约翰·杜威、阿尔伯特·爱因斯坦、保罗姆·大卫斯、路易·克伦、保罗·孟禄、保尔德·罗格等 16 人。

南京政府坚持反动立场，不顾广大爱国人民的反对和国际友人的声援，悍然于 4 月 3 日由江苏高等法院检察官以所谓"危害民国罪"罗织十大罪状，提起公诉。所列被告，除上述七人外，又加上陶行知、罗青、顾留馨、任颂高、张仲勉、陈道弘、陈卓七人，并对陶行知明令通缉。反动派的倒行逆施激起了全国各地救国运动的进一步高涨。陶行知远在美洲，虽遭再次通缉，但意志愈益坚定，尽心竭力投入抗日救国的宣传组织活动。5 月 24 日曾借用郑板桥的两句诗，手书一条幅寄回国内："千磨万击还坚劲，任尔东西南北风"，以明心志并勉励亲友。

结合社会活动，宣传和实践教育主张

陶行知先生既是杰出的爱国主义社会活动家，又是世界闻名的大众教育家。他把社会活动和教育活动结合在一起，反对脱离社会死读书。

他到美国后，半个月内就在哥伦比亚大学演讲了三次。11 月 21 日对该校师范学院讲演《中国之新教育》，列举事实，阐明什么样的教育可以救国，学校怎样办民众教育，介绍他所从事的新教育——救国教育。他到处参观华侨学校，向华侨宣传，动员团结御侮，支援祖国，进行最实际最有效的爱国主义教育。

1937 年八九月间，他到墨西哥访问，曾向墨西哥学校讲《创造的教育》，介绍了小先生制，受到热烈欢迎。在刚入境时，"曾受官方的留难"，经过他对各方面的引导，后来受到热忱接待，墨西哥总统还专门约期接见。9 月 24 日，他在午宴上发表告别词，提出三点希望：（一）希望墨西哥与中国结成兄弟；（二）希望停止以武器军火供给日本；（三）希望停止以港口供给法西斯国家使用。可见他的演讲既是社会活动，又是教育活动。对听众进行了保卫世界和平、反对法西斯侵略的教育。

陶行知是一位杰出的演讲家，他的演讲内容丰富，语言生动，饶有风趣，很能吸引听众。收到很好的教育效果。他在海外到处访问、讲演、座谈、参观，实际上也就是在实践并发展他的"生活即教育""社会即学校"的教育理论。通过他的活动，广大华侨在社会大学校里，在开会、座谈、唱歌、捐款、游行、交朋友等活动中受到爱国主义教育、救国教育和创造性的大众教育。

三次瞻仰马克思墓

1938 年 6 月 15 日，陶先生离美回国，当时国共第二次合作，国内政治形势比较好，各党派和无党派民主人士都有代表参加国民参政会，救国会领袖沈钧儒、邹韬奋和陶行知等也被推举为参政员，陶先生经过伦敦时，向爱国侨胞介绍了美国侨胞抗日救国活动情况。6 月 25 日，他特地邀李信慧（原在美留学，和陶氏一同回国）一同去拜谒马克思墓。这是两年来他第三次瞻仰马克思墓了。第一次是 1936 年 10 月 30 日，拜谒回寓后特地写了一首小诗《马克思墓》，内容是："光明照万世，宏论醒天下。二四七四八①，小坟葬伟大。"短短四句诗包含着无限的真情实意，表现了对马克思和马克思主义的敬仰和赞扬。

第二次瞻仰马克思墓是和吴玉章同志一道去的。吴老所写《回忆陶行

---

① 马克思墓穴编号是 24748。

知先生》文章中有一段，说："1938 年 2 月，我们一同出席伦敦世界反侵略大会的时候，一同去瞻仰马克思的坟墓。我们在一片荒冢里，找寻了几遍，才发现恩格斯所题的墓志，而惊叹这一旷世伟人的墓竟这样平凡。这象征着生要和大众打成一片，死也要和大众打成一片，才是真正的伟大。这和陶先生要知识分子站在人民大众之中，为人民大众服务，做人民大众的人中人，而不是站在人民大众头上，做人上人之思想，是相符合的。陶先生崇拜马克思的辩证唯物论。"吴老和陶先生在欧洲、在四川重庆有多年交往，他对陶行知崇信马克思和辩证唯物论的评论，绝非过誉。

陶先生离英经过柏林时，受到爱国华侨热烈欢迎。"七七"抗日一周年，他向华侨作了长篇报告，讲了"七七"的意义，介绍了美国华侨由分裂而联合，一致从事救国运动的情况，揭露了日本宣称"中国赤化"，妄图孤立中国的阴谋，特别强调："抵抗到底，必定胜利！"7 月 14 日途经巴黎，适值法国国庆，陶先生和爱国华侨、国际友人一起参加反对日本侵略中国的大游行。当时在巴黎的中国音乐家任光和参加西班牙反法西斯纵队的中国革命志士张纪以及李信慧等，都参加了游行。

7 月 24 日夜晚，陶先生到达开罗，受到爱资哈尔回教大学中国留学生的热烈欢迎。在 30 名留学生中有一位是他的学生，他带领同学高唱《义勇军进行曲》。陶先生说："谁也不曾想到在古老的沙漠国度里听到我们民族的吼声，这太使我感动了。"爱兹哈尔大学是世界古老的学府之一，有上千年的历史。这些中国留学生对于祖国人民争取民族自由解放，都怀有最热烈的期望。陶先生了解到他们也在尽力为抗日救国出力，从仅能维持生活的费用中抽出钱来进行爱国宣传，利用开罗无线电台向全世界揭发日本帝国主义的欺骗宣传，深表宽慰，并加鼓励。他还了解到在埃及的华侨，组织过战区灾民救济会，发动捐款和购买救国公债，又多次印发传单，劝告伊斯兰教教徒起来抵制日货，在物质上援助中国抗日。对此，他十分感动地说："这些教徒所表示出来的爱国精神，是多么好啊！回汉两族的隔阂是消除了，中国各民族的共同敌人是日本帝国主义！"他在船上还组织了一个歌咏团，请任光教唱救亡歌曲，每日4时半教歌一小时，船上40多个中国人，团结一心，怀着满腔救国热情投向祖国怀抱。

访问印度、新加坡和越南

陶先生回国途中访问印度，是应印度民族独立运动领袖甘地的邀请。他于8月8日到印，12日抵加尔各答，访泰戈尔，谈一小时饮茶而别。当日受到全印大会领导人、学生、工人、农民代表的欢迎。14日下午从迎宾馆出发，到谢岗甘地住处，两人席地而坐，谈了两小时多。甘地在谈话中曾向陶先生了解中国普及大众教育的情况，并约陶氏撰写文章。22日陶先生在轮船上草拟《中国大众教育运动》一文提纲，9月9日陶先生在香港用英文写成文章寄给甘地，甘地将它发表在《贱民》周刊上，并亲自写了按语："陶行知博士不久前来印度访问我时，我曾邀请他送一份中国进行大众教育运动情况的小册子给我。如今他已经送给我，不得不认为这份具有指导意义的小册子对我们印度是非常有用的。"由此可见，甘地对陶行知关于大众教育的主张和经验是多么重视。

当时印度正在组织援华医疗队，陶先生在印度访问了两星期，亲身体会到被压迫的印度人民对于中国的抗日民族解放战争的同情和支援多么真诚。回国后在武汉至重庆的轮船上，正好遇到印度救护队，陶先生和他们亲密交谈，还教他们十课新文字，对中印人民友谊的增进起过一定的积极作用。

新加坡的华侨在 1936 年 7 月曾听到陶先生出国后所作的第一次讲演。这次回国经过新加坡，有许多青年朋友热情地列队唱着救亡歌曲欢迎他。朋友们告诉他华侨竭尽全力抵制日货。如果有人贩卖日货，就要受到处罚，大商店就罚款，充作救国金，小商贩教育不改，就要割下一只耳朵。陶先生说："耳朵割了不能再长，这个做法要改正。应该用火热的救国热情去说服他们，教育他们，帮助他们研究贩卖别的东西来代替日货，那就更好。"他的开导帮助了华侨在抗日救国旗帜下加强团结。

陶先生离开新加坡于 1938 年 8 月 2 日到达越南西贡，当即访问华侨团体。次日在中国戏院演讲，向侨胞们报告欧美华侨团结一致开展救国活动的情况，受到热烈欢迎。8 月 29 日他在日记中有一段记载："旅越侨胞季玉堂与张长有十一年失欢，昨夜听我演讲旅美华侨曾因意见不合而暗杀械斗，今则和好，令二人感动颇深，因此接吻联欢，和好如初。"又记载有华侨节省菜金捐助抗日，推销救国公债 200 万元，以及不卖大米给日本等等。

在香港会晤邓颖超，发表"回国三愿"

陶先生于 8 月 30 日回到香港，第二天中午香港文化界人士举行聚餐会，欢迎陶行知与因公来港的中共代表、国民参政员邓颖超。9 月 1 日陶先生在青年会作公开演讲"国际形势与中国抗战"。他首先热情赞扬四万万五千万人站起来抵抗日本帝国主义，又分析了国际形势与大国态度，列举事实说明中国人由被人轻视而变为被人敬佩，指出："不能等待国际形势的根本转变"，"决定最后胜利的因素，是我们团结到底，奋斗到底，抗战到底！"

陶先生到港时，正逢各界同胞掀起献金救国热潮，其中以菜果、鲜鱼小贩义卖捐献最令人感动。陶先生曾为此写诗赞扬："南海有义卖，高风可崇拜。富翁学穷人，中国不会败！"后来他还和蔡楚生、金山、李信慧等访问渔村和渔民小学，勉励小学生为抗日救国努力学习，并摄影留念。

陶行知在港停留一个月。出席各种集会，发表热情洋溢的演说、讲话，宣传抗日救国，还曾对新闻记者发表了他的"回国三愿"：一是创办晓庄学院，培养人才；二是办难童学校，收容在战争中流离失所的苦难儿童；三是创办港九业余补习学校，动员华侨抗日。不久，中华业余学校在港成立董事会，陶先生任董事长，副董事长是黄泽南，校长是陶氏好友吴涵真，校务主任是方与严，这所学校后来在港九培养了不少进步分子，有些学生到抗日根据地工作，为抗战与革命输送了一批骨干力量。

10月1日，他回到抗日救亡运动的中心武汉，受到亲密战友沈钧儒、邹韬奋、胡愈之等热烈欢迎，并分别和蒋介石、周恩来、李宗仁等会见。他坚决谢绝了国民党当局许诺的高官厚禄，满怀救国热忱，下定决心，要为抗日救国大办抗战教育、救国教育，为抗战救国培养人才，继续为民族民主革命和人民教育事业艰苦奋斗，直至献出宝贵的生命。

陶行知在国外从事抗日救国活动的片断回忆

陆　璀

1935 年 12 月 9 日，由北平学生在党的领导下首先发难，并随之迅速普及到全国各地的"一二·九"运动，标志着我国人民抗日救亡运动新的高涨。

1936 年 5 月，全国学生救国联合会（以下简称"全国学联"）和全国各界救国联合会（以下简称"全救"）相继在上海成立。陶行知先生当时在上海，他是"全救"的积极发起人和筹备者之一。我在那年 3 月被北平学联派到上海去参加全国学联的筹备工作，曾在一些会议上多次遇见他。

在"全救"会上，陶先生被选为常务委员。

1936 年七八月之间，陶先生就出国了。先是到英国伦敦去参加世界教育会议，然后从伦敦去瑞士日内瓦出席世界青年大会（World Youth Congress）。

8 月中旬，我受全国学联派遣（那时我是全国学联的宣传部长），从上海出发，去日内瓦，代表全国学联和中国学生出席世界青年大会。在日内瓦和陶先生等人会合。

该大会是以"国联同志会"的名义召开的实为进步的青年组织（如共青团国际、世界学联等）所推动和组织，目的是动员全世界青年起来反对侵略战争，保卫世界和平，推动和扩大国际反法西斯统一战线。

参加该大会的中国代表，除陶先生和我是直接从中国去的以外，还有从英、法、瑞士等国去的中国留学生，如侯雨民、王礼锡（英）、陈柱天、王海镜（法）等。

其间，陶先生还曾去比利时参加了在布鲁塞尔召开的世界和平大会。钱俊瑞同志从上海直接去布鲁塞尔参加了大会。

会后，我和从法国来的中国留学生一同去到巴黎，陶先生和钱俊瑞等也去到巴黎，我们又在那里会合。

钱俊瑞带来国内口信说，"全救"和全国学联决定派陶和我分别代表这两个组织，经过法、英，到美国去向华侨和国际友人宣传抗日救国，宣传抗日救国民族统一战线和国际反法西斯统一战线的政策。

我们在法国大概待了 20 天左右。陶先生在中国留法学生、华侨、旅法参战华工和一些民主人士如十九路军的领导人之一陈铭枢等人中做了不少工作，推动了全欧华侨抗日救国会的成立（1936 年 9 月 20 日于巴黎）。

那时，进步的世界学联（International Student Union）的总部在巴黎。通过它，我们对一些法国朋友，特别是青年学生，也做过一些宣传工作。

1936 年 10 月 18 日离法去英国，先到伦敦。在英国停留了半个月光景，主要接触的是中国留学生和华侨，也接触过一些英国教育界的人士和英国学生。

11 月 4 日离英赴美，9 日抵纽约。当时欢迎我们去的，主要是留美的中国学生和华侨中的爱国进步分子、党在纽约办的《先锋报》的人，党领导的华侨衣馆联合会等，及致公堂（是华侨中一种封建色彩浓厚的社团，以讲义气和团结互助为宗旨，后同情抗日）。一般华侨团体因国民党影响大，对我们的到来采取敷衍或冷淡态度。美国人欢迎和组织我们活动的，主要有美共领导的"中国人民之友社"（The Friends of Chinese People Society），进步的青年组织如美国青年大会、美国学生联合会、美国共青团，以及陶先生本人在美国的一些社会关系如老师、同学等（陶是留美学生，在哥伦比亚大学得博士学位）如美国知名教育家杜威博士就是陶的老师。

但我们到美国不久，国内就发生了"七君子"事件（即蒋介石把"全救"的以沈钧儒老先生为首的七位领导人逮捕入狱）。陶动员杜威博士给蒋介石打了一个电报表示"严重关注"，这下激怒了蒋介石，就下令通缉陶行知①。从那时起，"全救"和全国学联就被迫转入地下，陶和我暂时也就不能回国了。从此，我们在华侨中进行活动也更困难了。幸而陶先生和致公堂的领袖司徒美堂等人的关系搞得很好，对他们做了很多工作，从而在该组织的支持和帮助下，陶先生和我曾到过美国许多城市如华盛顿、波士顿、底特律、芝加哥、费城、西雅图、旧金山等地去继续宣传抗日救国。1937年"七七"事变后，全面抗战开始，国共第二次合作，工作就比较好开展了。华侨中爱国热情高涨，到处都欢迎我们去演讲。陶先生演讲的特点是通俗、生动、幽默，伴以形象化的譬喻和大众化的诗句妙趣横生，因此很受欢迎。记得有一次他在演讲中赞颂了在上海抗战中一位姓胡名阿毛的司机为日军强迫运送一车军火和日本兵，他不惜牺牲自己，把卡车开入黄浦江中，与敌人同归于尽的英勇事迹后，念了他作的一首诗，其中有这么两句："恭喜胡家出好汉，不是胡适是阿毛"，既歌颂了英雄，又嘲笑了读书救国论者胡适，引起满堂笑声。

1937年8月我离开旧金山，不久赴欧，从此就没有和陶先生在一起了。

---

① 据沙千里回忆，1936年11月22日深夜，上海市公安局派八个特务小组，分别到救国会负责人家里去捕人，陶行知因出国参加教学会议未抓到。

烽火书声：
战时教育与育才学校

抗战的全面教育

陶行知

今天是香港中华艺术协进会干部训练班开学的日子，兄弟得来参加这个盛会是觉得十二分高兴的，刚才看到你们所有探讨的许多重要问题，亦使得我非常欣慰。现在，我所要讲的题目，就是你们所约定的"战时教育"这一个问题。

抗战发生以后，还有人是不承认"战时教育"的，当兄弟在国外的时候，就听到某大学校长大发其高论，说什么战时教育没练过，不知怎样去办，接着就是拿"百年大计"的招牌出来掩护。

其实，这是浅而易见的。现在日本帝国主义已经将中国改成战时的中国了。我们一切的生活与活动都应该适战时的需要，谁亦不能躲避，教育亦当然不能例外。

某校长不办战时教育，不研究战时教育，就得辞职，否则坐吃国家的薪俸，实在是很笑话的。

兄弟很不赞成他的意思，所以写了一首诗来答复他：

遍地发瘟，

妈妈病倒在床。

叫他倒口开水，

他说功课忙。

叫他请医生，

他说功课忙。

叫他去买一服药，

他说功课忙。

等到妈妈死了，

他写讣文忙，

写祭文忙，

做孤哀子忙。

时到现在，还有人是这样为教育而教育。教员是教死书、死教书、教书死；学生是读死书、死读书、读书死。

他们干着平时教育，就是在百年大计的招牌之下过其超然的生活。我们大家的妈妈——中华民族是怎样的创痛危殆，他是不管的。直至妈妈死了，他倒亦会忙于做讣文、忙于做孤哀子。

第二期的抗战是全面抗战，对于教育的要求就是全面教育。全面教育的意思，就是说，要将教育展开到前方与日人的后方，以至于整个的世界，使全世界都觉悟起来扩大反侵略运动，这是就空间而论。就对象而言，教育并不是少数少爷小姐们，有钱、有闲、有面子者的专利品，而是应该把教育展开到全部的青年去，全部的儿童，全部的壮年，全部的老人，连全部的老太婆都在内。

亦许有人要说，小孩子与老太婆有什么用呢？其实，小孩子要是像台儿庄的孩子唱歌队，把那个姓黄的小汉奸变成小战士一样——那姓黄的小孩中了日人的欺骗，做了小汉奸之后，因为受儿童宣传队所感动，就举手忏悔做汉奸的经过，并向我军报告敌情，炸毁了敌人的火药库、枪械等等。从小汉奸而变成小战士了——老太太则能够像赵老太太一样，抗战的力量不知要增加多少倍呢？所以，教育要展开到小孩和老太婆的队伍里去，展开到整个民族去。

凡是战时所发生的集团，教育就要展开到那里去。

战时有了伤兵，教育就要到伤兵那里去，有了五百个伤兵病院，就要当作五百伤兵学校办。伤兵没得教育，恶劣的影响是不堪设想的。伤兵得到了教育，所发生的力量，是非常宏大的。他们在后方可以提高民气，在前方可以影响士气，这是浅而易见的道理。

战时有了难民，教育就要到难民那里去，使得消耗的赈济成为生产的力量。

战时要征兵，教育就要到壮丁的队伍里去，使所有的壮丁都踊跃服兵役，携挈从军，把我们的兵源教成取之不尽用之无穷，这亦是很重要的问题。

不仅如此，我们还要把教育开展到敌人的后方，使伪政权不得成立，日本的反战运动强化起来，展开到全世界去，使国际上的援助益为积极。

但是，我亦不反对同时在后方办教育。只是不要老八股与洋八股罢了。我们要把次要的课程搬出来，加上符合抗战的需要的课程。有一个很重要的原则应该遵守的：就是后方的组织与训练应该与前方的需要相配合。记得曾有一个时候，晤见了一位医学院的院长，当时我就敦促他赶紧训练医学人才，为抗战出点力量。那位院长很得意地说："老哥，医学不像别的东西啊，要能够服务，起码总得五年，并不是可以马虎的。"当时我的答复就是："现在前方将士死于疟疾、死于痢疾、死于流血流不住的占最多数。请问训练专门医治这种疾病的人才要不要五年？""那么，假如是培养这样的人才，是无须这样长久了！""那就对了！老哥！请你快快训练一大批这样的人才去医治我们前线的将士，去救救我们英勇的将士。至于要养成解剖与取出子弹的人才，我不反对你的五年训练。"后方的组织与训练要与前方的需要相融合，这就是一个具体的例子。

回忆几个月前广州未沦陷以前，中山大学有位朋友问我：你看中山大学要不要搬？我的答案是："快搬！快搬！快搬！"理由就是：仪器是要钱买来的，训练了一个大学生也不是容易的。可惜他们不搬，等到广州沦陷遭着莫大的损失。

最近，又是在广西晤见这位老朋友，他又是问我：你看中大要不要再从广西搬到云南去？我的答案是："不要搬！不要搬！不要搬！"理由是云南离广东太远了，在广西还可以参加保卫广东的工作，用搬迁费来构筑防空壕是绰有余裕的。第二个原因，是云南的大学太多了，实在再没有添加一个的必要。

可是我并不是机械地反对在云南办教育，倘使那里最高学府不太多，而又念念要把力量输送到前方去，那么，是没有人反对的。

因此在后方办教育，是不可在百年大计的盾牌下躲懒，要时时刻刻顾念到抗战的需要，即顾念到建国的需要。倘使抗战不成，什么都完，所谓百年大计，都变成奴隶之计，所以最要紧的，在后方办教育首要在增加抗战的力量，否则躲在山洞里，仍旧为教育而教育，那便是逃走教育。

我们自身的教育在过去是片面的，现在亦应该全面起来，全面的自我教育。就是要：看、想、玩、谈、干。当然我们有两眼，就得看；有脑袋，就得想；有张嘴，就得谈；有疲劳，就得玩；有双手，就得干。我们要为干而看，为干而想，为干而谈，为干而玩，干是生活的中心，亦即教育的中心，干什么？抗战建国！

抗战建国是要：

真干，不可假干；

穷干，不可浪费地干；

合干，不可分裂地干；

快干，不可慢慢地干；

大干，不可小小地干。

凡是假干、浪费地干、分裂地干、慢慢地干或是小小地干，都是可疑，我们应当追求证据，分别奸庸，来他一个适当的处置。教育要通过生活才是有效的教育；抗战教育要通过抗战生活才是有效的抗战教育。

教育是民族解放的武器，人类解放的武器。不展开到整个民族、整个人类，不够称为全面教育。

育才学校创办旨趣

陶行知

我们在普及教育运动实践中，常常发现老百姓中有许多穷苦孩子有特殊才能，因为没有得到培养的机会而枯萎了。这是一件非常可惜的事情，这是民族的损失，人类的憾事，时时在我的心中，提醒我中国有这样一个缺陷要补足。

抗战后，从国外归来，路过长沙汉口时，看到难童中也有一些有特殊才能的小孩，尤其在汉口临时保育院①所发现的使人更高兴。那时我正和音乐家任光先生去参观，难童中有一位害癫痫的小朋友②，但他是一位有音乐才能的孩子，不但指挥唱歌有他与众不同的能力，而他也很聪敏，任光先生给他的指示，他便随即学会。

又有一次，我在重庆临时保育院参观，院长告诉我一件令人愤愤不平的事。他说近来有不少的阔人及教授们来挑选难童去做干儿子，麻子不

---

① 保育院是抗日战争中为抢救在战争中失掉亲人而成立的中国战时儿童保育会所属的负责收容和教养难童的机构。临时保育院是临时负责收容和教养难童的机构。

② 害癫痫的小朋友，即育才创办时被选为音乐组的学生陈贻鑫。

要、瘌痢不要、缺唇不要，不管有无才能，唯有面孔漂亮、身材秀美，才能中选。而且当着孩子的面说，使他们蒙上难堪的侮辱，以至在他们生命中，烙上一个不可磨灭的印象。

以上三个印象，在我的脑子里各各独立存在了很久。有一天，忽然这三个意思凝合起来了：几年来普及教育中的遗憾须求得补偿，选干儿子的做法，应变为培养国家民族人才幼苗的办法，不管他有什么缺憾，只要有特殊才能，我们都应该加以特殊之培养，于是我便发生创办育才学校的动机。当时就做了一个计划，由张仲仁先生领导创立董事会，并且得到赈委会许俊人先生之同意而实现，这是去年一月间的事。

创办育才的主要意思在于培养人才之幼苗，使得有特殊才能者的幼苗不致枯萎，而且能够发展，就必须给予适当的阳光、空气、水分和养料，并扫除害虫。我们爱护和培养他们正如园丁一样，日夜辛勤地工作着，希望他们一天天地生长繁荣。我们拿爱迪生的幼年来说吧，他小时在学校求学，因为喜欢动手动脚，常常将毒药带到学校里来玩，先生不理解他，觉得厌恶，便以"坏蛋"之罪名，把仅学了三个月的爱迪生赶出学校。然而他的母亲却不以为然，她说她家的蛋没有坏，她便和她的儿子约好，历史地理由她教他，化学药品由自己保管，将各种瓶子做记号，并且放在地下室里。他欣然地接受了母亲的意见，于是这里那里地找东西，高高兴兴地玩起来。结果，就由化学以至电学，成为世界有名的大发明家。虽然那三个月的学校教育是他一生仅有的形式教育，但是由于他母亲的深切地理解他，终能有此造就。像爱迪生母亲那样了解儿童的精神，是值得我们学习的。假如他的附近有化学家电学家的帮助，设备方面又有使用之便利，则可减少他许多困难。我们这里便想学做爱迪生的母亲，而又想给小朋友这些特殊的便利。

我们这里的教师们，要有爱迪生母亲那样了解儿童及帮助儿童从事特殊的修养，但在这民族解放战争中，单为帮助个人是不够也是不对的，必须要在集体生活中来学习，要为整个民族利益来造就人才。因此，我们要引导学生们团起来做追求真理的小学生；团起来做自觉觉人的小先生；团起来做手脑双挥的小工人；团起来做反抗侵略的小战士。

真的集体生活必须有共同目的，共同认识，共同参加。而这共同目的，共同认识和共同参加，不可由单个的团体孤立地建树起来。否则，又会变成孤立的生活、孤立的教育，而不能充分发挥集体的精神。孟子说："先立乎其大者，则其小者不能夺也。"我们中国现在最大的事是什么？团结整个的中华民族，以打倒日本帝国主义而创造一个自由平等幸福的中华民国。我们的小集体要成了这个大集体的单位才不孤立，才有效力，才有意义。与这个大集体配合起来，然后我们的共同立法、共同遵守、共同实行，才不致成为乌托邦的幻想。

我们的学生要过这样的集体生活，在集体生活中，按照他的特殊才能，给予某种特殊教育，如音乐、戏剧、文学、绘画、社会、自然等。以上均各设组以进行教育，但是小朋友确有聪明，而一时不能发现他的特长，或是各方面都有才能的，我们将要设普通组以教育之。又若进了某一组，中途发现他并不适合那一组，而对另一组更适合，便可以转组。总之，我们要从活生生的可变动的法则来理解这一切。

但是，育才学校有三个不是，须得在此说明：

一、不是培养小专家。有人以为我们要揠苗助长，不顾他的年龄和接受力及其发展的规律，硬要把他养成小专家或小老头子。这种看法是片面的，因为那样的办法也是我们极反对的。我们只是要使他在幼年时期得到营养，让他健全而有效地向前发展。因此，在特殊功课以外，还须给予普通功课，使他获得一般知能，懂得一般做人的道理，同时培养他的特殊才能，根据他的兴趣能力引导他将来能成为专才。

二、不是培养他做人上人。有人误会以为我们要在这里造就一些人出来升官发财，跨在他人之上，这是不对的。我们的孩子们都从老百姓中来，他们还是要回到老百姓中去，以他们所学得的东西贡献给老百姓，为老百姓造福利；他们都是受着国家民族的教养，要以他们学得的东西贡献给整个国家民族，为整个国家民族谋幸福；他们是在世界中呼吸，要以他们学得的东西帮助改造世界，为整个人类谋利益。

三、我们不是丢掉普及教育，而来干这特殊的教育。其实我们不但没有丢掉普及教育，而且正在帮助发展它。现在中国处在伟大的抗战建国中，必须用教育来动员全国民众觉悟起来，在三民主义抗战建国纲领之下，担当这重大的工作，所以普及教育，实为今天所急需。是继续不断地要协助政府，研究普及教育之最有效之方法，以提高整个民族的意识及文化水准。育才学校之创立，只是生活教育运动中的一件新发展的工作，它是丰富了普及教育原定的计划，绝不是专为这特殊教育而产生特殊教育，也不是丢掉普及教育而来做特殊教育。

我与行知在北碚

吴树琴

1938 年秋天，陶行知从国外回到香港，意欲回国办三件事：（一）创办香港中华职业补习学校，教育侨胞子弟抗日救国；（二）创办难童学校，收留在战火中的难童即后来在四川重庆北碚附近草街子凤凰山所办的育才学校；（三）创办晓庄学院，培养高级人才。因未获政府批准，后改办因陋就简的晓庄研究所。该所聘请我为研究员。

1939 年，我们到了北碚，得到嘉陵江三峡乡村建设实验区区长卢子英热情的照顾，招待我们住在北碚公园清凉亭，记得协助育才学校招收难童的李信慧同志和我住在那里。清凉亭位于火焰山顶上，风景秀丽，空气新鲜，环境幽静，面临嘉陵江边。我们住了月余，日本敌机经常来轰炸，我们就迁居于北碚檀香山桥附近一个经过修整的碉堡内。此处离中国科学社生物研究所较近。陶先生、陶宏、王醉霞和我都住在那里。

晓庄研究所的经费很少。陶先生同中国科学社领导商量并得到同意，与晓庄研究所合作，预备研究中国国药。

国药范围很广，从何研究起？经过调查，得知北碚附近，患疟疾的病人较多，当时处于抗日战争时期，无法购买进口的奎宁丸，国产的治疟疾药也是非常缺乏，一般老百姓吃不到，买不起贵重的奎宁丸。陶先生关心人民的健康，为了解除人民"打摆子"的痛苦，以身作则和我们一起去访亲拜友，寻找治疟疾的秘方。经过很久的奔波，他终于找到一张处方，高兴地交给我，要我去试验和研究。同时在育才学校找到一位江卫青工友来协助我工作。陶先生亲自陪我们在中国科学社附近，找到一间破土地庙，经过修理搭起土灶，购买药材和制药的简单设备，我们动手干起来。先将以常山、槟榔、鳖、乌梅等为主的药材，磨碎成粉，煎成药水，分送给附近的穷苦老百姓服用。当时群众的迷信思想浓厚，错误地认为"打摆子"是鬼神和命运的决定。不肯服药。经过我们再三的宣传科学知识，告诉大家得疾病的原因，是由疟蚊传染的。一方面要消灭钉在墙上翘尾巴的疟蚊，一方面要服药治病，否则病会一天天地严重起来。经过宣传教育和服药效果，群众就逐渐地相信此药可以治好病，因此从上门送药转变为上门求药。经过一个阶段的试验，证明药水效果良好，药到病除。群众反映，有人服药要呕吐。经过研究，陶先生亦认为服药水不方便，易于引起呕吐，能制成丸药就好了。后来我们就将药水浓缩，制成半流动的药膏，加些辅助药粉，制成了丸药。除给北碚附近患疟疾的病人服外，还送给育才学校患疟疾的病人服。经过一年多的时间，一万多人次的试验，我们详细地登记访问和总结证明此药丸效果良好，就命名为"治疟丸"。后与陶先生等研究，预备进一步扩大生产和试验。但中国科学社突然接到上级的指示，由于经费困难，停止和晓庄研究所的合作。因此，我们就不得不离开中国科学社，停止了治疟药的试验工作。治疟药能顺利地开展试验，医治了一些病人，和陶先生的细心教育、有力指导和具体帮助是分不开的。为了解决我本人的生活和不脱离本行工作，我就于 1941 年到了北碚北温泉新亚药厂华西分厂去工作了。

陶先生毕生从事教育事业，他主张教学做合一，提倡即知即传的小先生制。北碚的卢子英区长在全北碚积极推行陶先生的小先生制，小先生发展到 1000 多人，参加小先生传习所的人达 3000 多人。陶先生在卢子英区长的陪同下，参观了小先生传习所，北碚全区 500 多公教人员曾举行大会欢迎，他高兴地发表讲话说"我到了这里听见了《锄头歌》的歌声，使我回忆到在南京的晓庄学校。参观了 1000 多小先生的情况，我似乎回到了上海大场山海工学团……"他对北碚小先生工作如此活跃，给了很多鼓励和希望。

1939 年，我国处在抗日战争中，为了彻底取得抗日胜利，他与卢子英区长商讨关于补充兵源的问题。陶先生协助发动志愿兵抗日。志愿兵，出于志愿，抗日坚决，能打胜战，不似国民党反动派拉丁来补充兵源，被迫当兵，也难免不当逃兵。为了开展志愿兵运动，他请来了东北抗日游击队队长赵侗的母亲洪文国老太太来北碚作动员报告。赵老太太，三代打游击，坚持了七年多的抗日斗争，她热心关怀战友，被称为"游击队之母"。陶先生歌颂赵老太太献诗一首，诗云：

> 东洋出妖怪，中国出老太。
>
> 老太找妖怪，妖怪都吓坏。
>
> 老太有名言，圣人不能外。
>
> 别死在床上，战死才痛快。

当时北碚请来了 60 多岁的老太太，500 多人开了一个欢迎赵老太太的大会。大家听了赵老太太现身说法的报告，深受感动，当时就登台表态，愿意将自己的儿子送到前线去抗日。陶先生最后鼓励大家说："你们来时是张老太太，李老太太，现在都变成赵老太太了……"后来确实掀起了轰轰烈烈志愿从军热潮，有许多母送子，妻送夫，兄弟争相从军的动人事迹。不到半个月，报名参军的人数已达400多人。

5月初北碚20多个机关团体联合公宴慰劳志愿兵及其家属，宴会上为他们披红戴花，献旗摄影。陶先生又发起为志愿兵捐献运动，他自己带头捐献，并以"敬告后方同胞"题诗一首，诗云：

> 志愿战士可钦佩，打得东洋如潮退。
>
> 一家大小谁照顾？他们受罪即我罪。
>
> 有力已经出了力，有钱出钱才无愧。
>
> 若想不做亡国奴，快快多出保险费。

后来又进而发展为志愿月捐运动，从而保证了志愿兵家属的生活，有利于运动的开展。在当时国民党统治区都是靠拉壮丁来补充兵源，像北碚区在当年，基本上没有拉一兵一卒，这在国民党统治区是少见的。陶先生曾将北碚志愿兵运动，写了八篇资料，交给当时国共合作的政治部副部长周恩来同志，印发给各地，以供宣传。

1940年的秋天，皖南事变的前夕，国内形势非常紧张，蒋介石预备掀起第二次反共高潮。陶先生坚决拥护共产党提出的抗日民族统一战线的方针，就被国民党反动派视为眼中钉，肉中刺。他们欲借口要封闭育才学校。就在这困难的时刻，周恩来同志和邓颖超大姐来到了我们碉堡居处。我们高兴地紧握着周恩来同志和邓大姐的手问好，陶先生更是无比的兴奋。他即请来了育才学校教导主任吴勃同志，向他们作了育才学校情况的汇报。周恩来同志对当时的形势作了深入的分析，指出育才学校的前途和国家民族的命运紧密联系在一起的。一方面要育才师生提高警惕，采取措施；另一方面，要教育师生在极端困难时坚持工作，树立最后胜利的信念。第二天陶先生陪同周恩来同志等到北碚北温泉风景区。在那里给附近不少文化界、教育界、科学界的知名人士作了亲切的交谈。第三天陶先生和周恩来等同志乘船到了草街子，步行到了凤凰山——育才学校参观。周恩来同志给师生们作了形势报告，教育师生不怕牺牲，艰苦奋斗，用功读书，为真理斗争，为新中国远大前程而奋斗。讲话结束，孩子们涌向周恩来同志要求签字留念。周恩来同志不知疲倦地在孩子们的本子上留下了"一代胜一代"的题词。周恩来同志和邓大姐虽然在育才学校只停留了一天，但给全校师生留下了终生难忘的印象。他们对陶先生的教育事业，给以亲切的关怀，永远难忘。

陶行知先生在北碚

卢子英

陶行知先生是我的恩师，是旧社会北碚人民的恩人，亲人啰！他的伟大，我是不能用文字或语言来表达清楚的，可惜哟，当代一位大师被埋没了，被埋没了啊！

我敬仰陶行知先生，远在他 1927 年于南京创办晓庄师范的时候。

1934 年，我和二哥作孚去参观他在上海创办的山海工学团时，才有幸面聆教益。

1939 年春，陶行知先生是满怀民族义愤，来到大后方而在北碚定居的，先住在北碚公园的清凉亭，后因敌机轰炸，才迁居北碚檀香山桥一个小小的土碉堡内，同时带来了灾区一些难童寄住于北碚民教馆内。后来这些难童都成了他亲手创办的培养新中国革命人才的摇篮——育才学校的学生，抗战胜利后 1945 年冬，他积极响应中国共产党的号召，坚决反独裁、反内战、争民主，去上海从事革命斗争，才离开北碚的。

陶行知先生一生，酷爱伟大的中华民族和伟大的中国人民，为伟大的民族民主革命，做出了杰出的贡献，特别是他以毕生精力，从事教育改革，在教育方面对人民的贡献尤为巨大，永不磨灭。党和毛主席称陶行知先生为"伟大的人民教育家"，我认为陶行知先生应是当之无愧的。

一

陶行知先生发明的"小先生制"——即知即传的教育方法，曾为北碚广大群众增加了幸福，早在1936年，北碚就采用了他的"小先生制"来扫除文盲，当时给小先生教学提的口号是："我们的工作——即知即传；我们的训练——用脑用手；我们的精神——愈难愈前。"待1939年春陶行知先生来到北碚时，北碚的小先生已发展到1000多人，传习学友已近3000人了。他作的《锄头舞歌》也广为传唱。

当时北碚全区500多位公教人员，激情满怀，为他举行了热烈的欢迎会，他发表了热情洋溢的讲话说："……我还听见了《锄头歌》的歌声，了解了一千多小先生的传习活动，我又似乎回到了山海工学团……"当年他又惠赠了他的旧作《古庙敲钟录》给我。拜读后，深受教育，使我进一步认识到小孩真不小，应将小学教育与民众教育密切结合起来，方能取得更好的效果。

此后，北碚民众教育在陶行知先生的指导和帮助下，又得到了进一步的发展。

记得陶先生创立的"小先生制"，当时已被推广到全国的23个省市，并在东南亚一带得到推行。这对扫除文盲，普及教育起了重大作用。今天要彻底扫除我国现有的文盲，提高全民族文化水平，这种方法仍是值得借鉴的。

二

国难当前，陶行知先生积极响应中国共产党"停止内战，一致抗日"的号召，他热爱人民，相信人民，坚决反对反动政府靠拉壮丁来补充兵源，他极力主张做好宣传，做好优抚工作，叫人自愿当兵，叫家属支持当兵。我在他的热情帮助下，在北碚发起了自愿兵运动。

1939 年 4 月中旬，北碚组织了公教人员和中学生共 3000 多人的宣传团体，分赴乡、村动员宣传，不到半月时间，自愿报名参军的达 400 余人。5 月初，北碚举行公宴，慰劳志愿兵及其家属，为他们披红、戴花、献旗、摄影。陶先生又发起了志愿兵捐献运动，他当时经济非常困难，也认捐了 50 元作倡导。并以《敬告后方同胞》为题，赋诗一首："志愿战士可钦佩，打得东洋如潮退。……若想不当亡国奴，快快来出保险费。"以后发展为志愿兵月捐运动，直到抗战胜利，这就使志愿兵家属的生活有了保证。

第一批志愿兵在古圣寺整训时，我陪陶先生率领他招来的"七七少年剧团"前往慰问。他作了激昂的演说后，即朗诵了自己创作的诗歌一首献给志愿战士："志愿战士了不得，以一当十，十当百……"这给志愿兵以极大的鼓舞。

5 月下旬，志愿兵整装乘轮出发之际，陶先生同大家一道，亲自到嘉陵江边送别，一再叮嘱志愿兵战士要保护身体健康，要团结一致打倒日本帝国主义。又多次向送行的人说：要十分关心志愿兵家属的生活，今后要努力三次、四次地送志愿兵到前方去。

陶行知先生这些感人的行动，给志愿兵以巨大的鼓舞，也给志愿兵家属极大的安慰。

在抗战时期，北碚在陶先生热情帮助下，对前线兵源的补充，基本上没有拉一兵一卒，而是自愿从军到前方抗击日寇。这是陶先生对抗战、对北碚地方又一巨大贡献。他也曾就北碚志愿兵运动的情况写了八篇资料，当时周恩来同志阅后交由政治部（当时国共合作，周恩来任政治部副部长）印发各地，大加提倡。

三

陶行知先生亲自创办的，直属中共中央南方局领导的育才学校，于1939年7月在北温泉开学了，接着便陆续迁往古圣寺。

这所培养人才幼苗的新型学校，成为蒋管区的民主堡垒，蜚声中外，因而遭到国民党反动派的迫害，办学极为艰难，他一天既忙于国事，做抗日救国活动，又忙于育才学校事宜，特别是1939年到1941年，敌机狂轰滥炸时期，他更疲于奔命。经常来往于黄桷、文星、朝阳等乡镇，轰炸之后，他又共同去慰问受灾者，无论寒暑亦在所不辞。

陶先生常常是拖着极度疲乏的身体，趁午饭后或夜间来我家商谈学校和抗战有关事宜。有时，事关紧急，需在上班时相商，为避免反动派猜疑，便通过家人把我叫回家中商谈。特别使我难忘的，他常与我谈到反动政府腐败无能时，总是强调只有社会主义才能救国建国。并以当时苏联突飞猛进的事实作例证，使我深受教育，得益匪浅，顿时使我对中国的光明前途满怀信心。

1941年春，当时被视为禁书的毛主席的《新民主主义论》单行本刚一出版，他即秘密送我一本。这书使我开阔了眼界，看到了中国光明的未来，明确了自己奋斗的目标，它好比黑夜一盏明灯，照亮了我前进的道路，这件事是使我终生难忘的。

1944 年，陶先生还惠赠了我一本他自己编著的《育才学校手册》，其中有"创造宣言"一篇，开头就是：创造主未完成之工作，让我们接过来继续创造。这句话真是动人心弦，发人深思。这篇"宣言"，我们在北碚管理局职工大会上朗读过，大家深为感动，很受鼓舞。

四

陶行知先生从 1939 年到 1945 年，近七年之久，在北碚作过多次讲演，他创办的红色的育才学校，在北碚作过多次的革命戏剧演出，多方面留下了光辉的业绩。特别是陶先生对北碚教育改革，促进抗战方面做出了不可估量的扶持，北碚人民永远崇敬他；永远怀念他！

陶先生生前常常笑着对我说："失败是成功之母，则奋斗应为成功之父。"他的确为了人民教育事业，为了中国民族民主革命的胜利英勇奋斗了一生，为我们伟大的中华民族增添了无上光荣，他真不愧为"伟大的人民教育家""党外的布尔什维克"和"万世师表"，他是我们学习的光辉榜样，他永远活在我们的心里……

陶行知先生和育才学校

陈贻鑫 [1]

1938年秋，抗日战争进入了第二年，全国军民掀起了轰轰烈烈的抗日救亡运动。由于国民党政府及蒋介石的腐败无能，日军逐步进逼武汉。当时的武汉，面临一片战时的紧张气氛。广大人民和各界人士投入了"保卫大武汉"的热潮中。

设在汉口一元路的"战时儿童保育会武汉临时保育院"，每天收容从华东、华中各地疏散来的难童数百人。这些难童经过编组后，就由院方派人带领，他们分别迁往四川、陕西等后方保育院去学习和生活。院内还组织了"儿童宣传队"和"新安旅行团"。同留汉的部分团员一起，参加"保卫大武汉"的救亡宣传工作。我当时只有12岁，家中便将我送进汉口临时保育院，不几天我即被编入"儿童宣传队"，参加了救亡宣传工作。

大约是10月初，一个充满阳光的下午，在汉口临时保育院二楼的走廊上举行了一个座谈会（为庆祝新安旅行团成立一周年）。记得那天除了

---

[1] 作者曾系汉口临时保育院难童。

185

陶行知先生、音乐家任光和著名律师沈钧儒先生外，还到了不少社会知名人士。保育院为欢迎他们，由我指挥小宣传队给来宾们演唱了几支歌。陶先生和任光当时刚从海外回国参加抗战。陶先生在会上朗诵了他的诗作《五万歌》，并特意宣布，为了寄到香港去发表，可将稿费捐给抗战，望在场的记者们不要记录发表。这是我第一次见到著名教育家陶行知先生。

就在这次陶先生来保育院参观的过程中，音乐家任光先生教我们小朋友唱歌，唱的是他自己作曲的《打回老家去》《高粱熟了》，并讲授些音乐常识——乐理，当任光先生提问时，我立即作了回答，将他唱的音调用简谱在黑板上记录下来。这使任光先生感到很惊奇，此事后来告诉了陶先生，成为他创办育才学校的动机之一。

1939 年，抗战已进入艰苦的相持阶段。我所在的保育院由于武汉的失守，襄、樊吃紧，在鄂北均县也不平安，在罗叔章院长的率领下，于 5 月 4 日进入了山城重庆。为避免敌机的轰炸，在重庆没有停留，立刻乘船沿嘉陵江而上到达白庙子大田坎，这才算初步安定下来，保育院渐渐恢复了较为正常的学习和生活。这年 7 月，陶行知先生在重庆北碚草街子创立了育才学校。学生的来源主要是各个保育院选拔来的。当时因我患疟疾，在育才学校已经开办了三个多月后我才入校。到校后，我被分配在音乐组。当时第一批学业生共有 18 名，在组主任贺绿汀先生的具体指导下，开始了我梦想不到的音乐的道路。

进校后，经过一年多的学习，陶先生决定在重庆举行儿童音乐演奏会。那是 1940 年冬天，为了向重庆各界人士介绍这所新型的学校，由贺绿汀先生带领我们音乐组的同学在重庆抗建堂演出。演出的节目有合唱、独唱、二重唱、钢琴独奏等，参加演出的同学中年龄最小的只有 10 岁。这次演出获得一致好评。陶先生当时邀请了周恩来、邓颖超、叶剑英、冯玉祥及中外记者等参加。周恩来为我们题了辞："为新中国培育出一群新的音乐天才。"这给了我们极大的鼓舞。不几天，我们自己创作的歌曲还由广播电台录制成唱片并安排了一次对苏联的广播，我们唱了苏联卫国战争中的优秀歌曲及本校创作的歌曲等。

育才学校办起来后，社会上有些人不了解陶先生办这个学校的目的，认为是提倡天才教育。对这些误解，陶先生曾公开说："育才有三个不是：一、不是培养专家；二、不是做人上人；三、不是丢掉普及教育，而是为将来的新中国培养各方面的有用的人才。"因而校内设立音乐、绘画、戏剧、文学、社会科学、自然科学、舞蹈等组，按儿童的兴趣特长进行分组学习。这在当时和国民党的所谓"正规"教育相比，是完全崭新的教育思想和方法。

1941 年元旦，我们音乐组的同学在重庆进行演出活动。陶先生关心和鼓励我们，并用自己的钱给我们每个同学买了一个小笔记本。特别令人感动的是陶先生在每个本子上都亲笔题了辞，针对各自的不同情况，指出努力方向。在给我的小本子上，陶先生写着"把我们的音乐和老百姓的要求合拍起来"。并签上名，盖上红色的图章。从陶先生给我们的题字里，使我们从小便明确了艺术与人民的关系，指出了我们学习音乐的方向，这对我们艺术思想上的成长，确实给予了很大的影响，使我终身不忘。

由于育才学校对外的影响逐步扩大，音乐组的演出也增多起来。从草街子乡下往返重庆很不方便，同时也为就近解决专业课老师之不足，1941年冬音乐组搬到重庆化龙桥歇台子，那里离冯玉祥先生的住处不远，李德全先生等有时散步到我们的住处看看小朋友们。一天，冯玉祥先生在家里邀请全音乐组的小朋友们吃饭。原来我们以为这样一位将军请客，一定是很讲究的，但他请大家吃的只是北方式的白菜、粉丝炖肉、馒头。不过，对我们这些孩子们说来，在当时物质生活非常艰苦的情况下，能吃上这样的食物已经感到很丰盛了。可是和冯先生一桌上吃饭的一位女同学，竟把肉皮吐在桌子上，冯先生见了，二话没说，即让他的儿子出来把肉皮全部吃了下去。当时我们已经觉得很不安。陶先生那天有事未能参加，事后知道了这件事，对全组同学进行了教育，这位同学也接受了教训。

那年除夕，陶先生在重庆管家巷育才办事处举行了除夕晚会，当晚的来宾中只有冯玉祥先生。那时期，冯先生由于对陶先生办育才学校的支持，对育才的同学们也非常关心爱护，有的同学病了，冯先生就出钱请医生给予治疗。

1941年1月，发生了震惊世界的皖南事变。在此之前，我党在育才学校的地下组织，为保存党的干部力量和人才，通过在重庆曾家岩30号中共办事处，将学校的部分老师及同学秘密地撤往延安。有的去到新四军，使教学受到一定的影响。陶先生这时号召我们开展小先生活动，这也是陶先生在长期的教育实践活动上实行的一种小先生制。使我们在学习上不完全依靠教师，并培养了良好的自学习惯。

在皖南事变中音乐家任光同志英勇牺牲，消息传来后，陶先生万分悲痛。由于陶先生和任光在巴黎时的友谊，在武汉时期的共同活动以及任光在去新四军前对育才学校的短期教学，这一切自然使陶先生无法忘怀。但当时又不能公开举行追悼会，只好在一天，陶先生带着亲自写的悼诗，带着我和二三位教师，在萧瑟的秋风中，到学校右侧的小山头上的松树林里进行哀悼。我们面向东方，在陶先生念完悼诗后，我们向牺牲在祖国华东土地上的任光同志遥遥地默哀，纪念这位中国新音乐的著名作曲家。由此，可以感到陶先生对革命同志的深切的爱！这不仅是对任光同志，也是对在皖南事变中牺牲的无数革命先烈的悼念！

皖南事变后，国民党派特务监视学校的活动，育才学校不仅处于黑暗的政治压力之下，同时由于通货膨胀，经费也面临着极端的困难。

150余名学生都是供给制的生活，还有数十名"艺友"及老师薪金（虽然为数极有限），这样一大批人的吃、穿、用是很大一笔开支。然而，由于物价飞涨，学校的经费已所余不多，陶先生就号召大家开源节流，在校内展开了生产运动。学校将周围的十几亩田地租下，规定每天下午两个小时的劳动，种瓜种菜，既改善了大家的生活，也培养了同学们热爱劳动的观念。

在这种经济极端困难的情况下，陶先生为了把育才学校继续办下去，在重庆设立了办事处（管家巷28号）。整天为筹募经费而奔走。这时，陶先生已经患有较严重的高血压症，每天靠服药支持。陶先生自己的生活非常简朴，经常穿着一件褪了色的学生装，冬天时加上一件旧大衣。一间十余平方米的房间内只放着用木板搭的床铺，一张方桌和一只书架上，放满了书和办公用品，有时接待客人也在这里，甚至有的外国朋友也在这里进行访问。陶先生对自己特别刻苦，对学生的要求也很严格，常说："公家一文钱，百姓一身汗，花钱容易流汗难！"可是对孩子们的最低营养，总是想方设法予以保证。

太平洋战争爆发后，学校在海外（南洋新加坡一带）的华侨捐款来源也已隔断，学校的经济几乎到了山穷水尽的地步。陶先生整天却为维持育才学校而操劳，绞尽了脑汁。有些好心的朋友认为陶先生是"抱着石头游泳"，劝他把育才学校停办了。但陶先生绝不在困难面前低头，他说："我不是抱着石头游泳，我是抱着爱人在游泳。"有一天，陶先生对大家说："山东有一个乞丐，可以办三所学堂，而我陶行知，是美国留学生，又是博士，难道连一所学校都办不了！"陶先生是下了决心，要把育才学校办下。他的这一想法，得到不少人士的支持，其中就有周恩来同志。周恩来鼓励陶先生坚持下去，一些国际友人也给予支持和帮助，如美国著名作家埃德加·斯诺先生便是其中之一。他从美国给陶先生一些经济上的援助。这样，在各方面的支持帮助下，使得育才学校得以坚持办下来。

育才学校的校址原在离重庆市一百多里的北碚草街镇乡下凤凰山上的古圣寺内，地处僻静的山沟里，交通很不便。为了学习和演出，陶先生首先将音乐组搬到了重庆江北观音桥，租了一处硝牛皮的小作坊，由大家自己动手，改造成一个很简陋的教室和宿舍，并建了两小间钢琴房。同时，这里与当时国内唯一的交响乐团离得较近，可使同学们能就近求教于更多的老师，可以听到该团排练世界著名的交响乐曲，丰富了学习的内容，开阔了音乐的视野，为学生的专业学习提供了较为方便的条件。

这时，在老师们的帮助下，组成了一个有六把小提琴，一把中提琴，一把大提琴的小型弦乐队（在当时的物质条件下，弄上五六把提琴是非常不易的）。另外组织了重奏小组，开始学习排外国古典音乐（莫扎特、贝多芬、舒伯特、门德尔松、布拉姆斯等作曲家的作品），小合奏、三重奏、四重奏以及同学们自己的习作。通过这样的活的学习，使同学们在专业上的进步很大。为了增加经济来源，这时决定音乐组举办定期音乐会，除固定剧场演出外，还到学校、机关等处进行演出，受到音乐界及社会人士的好评。

音乐组虽到了重庆，但离市区也较远，当时主要是同学们自己管理自己。陶先生对孩子们非常关心，总是抽空从重庆过来亲自视察，针对出现的问题，进行耐心的教育。一次由于有的同学互相闹意见，陶先生去后给大家进行思想教育，最后大家高兴地团结起来。经济上，那时也由同学自己管理，陶先生在百忙中亲自对管理财会的同学教她们如何学会算账，告诉她们管好财务，要做到严格细致，一丝不苟，使同学们在学中做，做中学，做到"教学做合一"。生活上陶先生像慈母一样关怀孩子们，每次音乐组演出结束后，陶先生常常带着同学们去面馆吃一碗面条，给同学们很大的关怀和鼓舞。

抗日战争胜利后，全国人民欢欣鼓舞。但由于国民党倒行逆施，这时，在重庆等城市的"反内战，争民主"运动不断高涨。陶行知先生早在抗战期间，在中国共产党的影响下，已经参加了不少的民主运动。中国民主同盟成立后，陶先生被选为民盟中委，这时他除了学校的较重要的事情参加决定外，大部分精力都在为民主运动而忙碌着。陶先生也在一些民主集会的活动中，让学校的师生去参加，有的是协助工作，有的是参加演出，利用文艺的形式向广大群众进行宣传。

1946 年春，陶先生为在抗战胜利后的上海恢复工作，便先回到上海。那时，中共代表已迁到南京，重庆红岩村的中共代表团旧址，给了育才学校作校舍。这样，在古圣寺的社会科学组和自然科学组、文学组、舞蹈组也都搬到了红岩村，继续进行学习和参加一些民主运动。陶先生到上海后，为民主运动而奔走。在闻一多、李公朴二位民主战士在云南昆明先后遭到国民党特务杀害之后，陶先生成为国民党特务黑名单上的第一名。但陶先生毫不向反动派低头，真正做到了威武不能屈。在紧张的夜以继日的工作中，突患脑溢血于 1946 年 7 月 25 日在上海逝世，终年 55 岁。噩耗传到重庆育才学校，全体师生无不失声痛哭。我们的好校长，中国人民的伟大的教育家，英勇的民主战士为人民事业鞠躬尽瘁而死。国内外的陶先生的朋友都深深地哀悼他过早的不幸逝世。在上海和重庆分别举行了大规模的追悼会，伟大领袖毛主席也从延安发来唁电，"痛悼伟大的人民教育家陶行知先生"。

陶先生的突然逝世，国民党更进一步对民主运动实行残酷镇压，反动派把育才学校也视为"眼中钉"。在一段时间里，学校让同学们白天躲在山上进行学习，黄昏再回校，免遭反动派的破坏。1946年冬天的一个漆黑的夜晚，已经十点多了，反动派的军警突然分两路同时包围了化龙桥红岩村学校本部及市内办事处，荷枪实弹，对准同学们，进行非法搜查，妄图寻找借口迫害学校师生。由于事先在地下党组织的领导下，早已作了各种应付紧急事件的准备，反动派军警什么证据也没搜到，最后把住在市内办事处的副校长马侣贤先生抓走，实行无理的拘留。后来在重庆各方面进步人士的支援下，反动派才把人放了出来。

为了避免可能会遭到难以估计的破坏，学校决定将部分师生先迁往上海。1947年5月在屠公博同志率领下，音乐、绘画、戏剧、舞蹈等组乘轮沿长江而下，到达上海。校址就是战前陶先生办的"山海工学团"的地方。后来又将文学、社会科学、自然科学等组迁至。重庆保留的一部分师生，成为一个普通中学，育才学校发展为两个，更加壮大了力量，扩大了影响。

学校搬到上海北部的宝山县大场后，同学们仍一面学习，一面参加艺术实践。随着解放战争的迅速推进，为了学校的安定，学校又一次从大场迁入市里的横滨桥附近的一处里弄里。在那里，师生们在地下党的组织领导下，进行着迎接解放的排练、创作，终于在1949年5月迎来了上海的解放。育才学校很快地得到上海市人民政府教育局的直接领导，经济上也得到人民政府的拨款。1952年改为"上海行知艺术学校"，并增设了师范科、以培养小学艺术教师。1955年，通过全国的院系调整，育才学校在上海的一部分，合并于其他院校，大场和重庆分别保留一所行知中学，以纪念这位中国的伟大的教育家——陶行知先生。

育才好比一盏灯

甘烈君

　　陶行知先生于 1939 年 7 月在北碚邻近的草街子创办育才学校，它坐落在一个四周是偏僻落后的农村的古庙——古圣寺中。学生多是抗战时期失去了家乡、失去了父母而流落到后方的苦难儿童，把他们从各战时保育院选拔出来，一般都具有特殊才能，进校后，便按其才能分组学习。学校设有音乐、戏剧、社会科学、自然科学、文学、绘画、舞蹈七组。并集中了一批优秀老师来培养这些难童。当时的老师有贺绿汀、艾青、陈烟桥、戴爱莲、章泯、吴晓邦、戴伯韬、程今吾、方与严、帅昌书（丁华）、马侣贤等。翦伯赞、郭沫若等先生来校进行短期教学。敬爱的周总理、邓颖超同志曾亲自到校参观指导。冯玉祥、李德全先生也多次到校参观指导。我们生活在育才，得到了适当的阳光、空气、水分和养料，使我们一天天茁壮成长。

　　育才的到来，给这个落后而偏僻的山村带来了生气，给我们在这山村的苦难儿童带来了新生，也给四乡的贫苦农民带来了希望。当时，陶先生住在古圣寺旁的一所茅屋——逸少斋内，有时也住到北碚近郊的一个小碉堡里，他日夜操劳，一面筹划如何办好育才，一面发起推动乡村普及教育。他组织育才学生当小先生，每周抽1—2次下到农村做家庭访问，成立识字班，扫除文盲，教唱抗日歌曲，宣传抗日救国道理。学生下去时，还带着医药箱，免费为农民治病。还帮助老弱、病残挑水砍柴。在古圣寺的左面，由全校师生用劳动时间，筑了一个露天舞台。逢年过节，由育才学生演出，节目中歌曲有《义勇军进行曲》《游击队之歌》《大刀进行曲》《我们在太行山上》《生产大合唱》《黄河大合唱》；歌舞有《朱大嫂送鸡蛋》《兄妹开荒》《王大娘补缸》《秧歌舞》《西藏舞》等。另外还演出有关抗日的独幕话剧、活报剧。逢到这一天，四乡农民（包括手工业工人）扶老携幼，赶几十里路来到这里。以后，各识字班青年，也排了节目参加演出。特别是每年的儿童节，陶先生还发起为四乡穷苦儿童做一日的捐献，让儿童们一边看节目，一边吃糖果、饼干，散会后，还带着慰问品——儿童读物、玩具等回家。育才的这些活动，使我们这个山村沸腾起来了，欢乐起来了，觉醒起来了。他们说："我们不但学会了写信、记账，还懂得了抗日的道理，也懂得了我们终年劳动还得不到温饱的道理。"为此，他们编了几句顺口溜"育才好比一盏灯，照亮我们这山村；从今不做睁眼瞎，打开眼睛见光明。"来颂扬陶先生创办的育才。

我是草街子镇上一个贫苦儿童，由于家里穷，读了两年私塾就失学在家，协助妈妈挑起了全家六口人的生活担子。为了挣饭吃，我当过挑煤块的苦力，也做过跑街叫卖的小贩。育才学校来到我的家乡后，我进了识字班，继而又进育才办的古圣寺小学走读。小学毕业后，眼看我又要第二次失学，是陶先生叫我到他的茅屋，很和善地对我说："你应该继续学习，做一个半工半读生——除学习外，抽出一定时间替我抄稿件，我拿出稿费来付给你学习中需用的生活、零用费。"从此，我进了育才自然科学组，在陶先生和老师们的精心培育下，使我健壮的成长。今天，我是一个已在教育战线工作了 30 多年的人民教师，正在为四化建设培养高级工程人才贡献自己的力量。怀念陶师，想到我的今天，如果没有陶先生来到我的家乡，我这棵幼苗不是早已枯萎了吗？像我这样被陶先生拯救的，何止一个？是上千个……如今，他们都各在建设社会主义新中国的岗位上贡献自己的力量。

当时育才的生活是十分艰苦的，但我们所受的教育是延安式的，精神是愉快的。学校除了有一批革命的、进步的学者来培养我们外，还有一批比我们年纪稍长的教师——我们称他们为大哥、大姐，对待我们像亲兄弟、亲姊妹一样，关心着我们的学习与成长。在那白色恐怖、物价飞涨的反动时代，只有我们这所小庙，才能使我们这些苦难儿童愉快幸福地生活、学习。按照教学计划，设有普通课和特修课。除此外，各组还可根据自己特点，成立科研小组与开设第二外语。如我所在的自然组，成立了植物、谈天会等科研小组，并且还开设了第二外语——德语，由陶先生亲自教授。我是参加"谈天会"小组的。我清楚地记得，在那满天星斗之夜，由陶宏先生（有时陶先生也亲自参加）率领，我们躺在凤凰山上的小坡上，仰望群星——什么大熊星呀！金星、木星呀！还有牛郎织女星等等。我们谈天会小组还向全校举行过遨游太空的报告。像我这样一个过去是跑街叫卖的小贩娃娃，当时，还居然敢向全校作报告：谈谈太阳系中的冥王星。

陶先生不但关心我们的学习，也关心我们日常生活。他常说："培养你们，是要你们成为国家有用之才，不是让你们进棺材（意指把身体搞坏了）。"所以我们除了进行课堂学习外，还要进行体育锻炼、文娱活动，参加生产劳动——种菜。我们自然组还要学做木工，自制实验仪器。使我印象最深的是在吃饭问题上他也非常关心。由于反动派在政治上卡我们，不准学校立案，在经济上也卡我们，使学校经济濒于绝境。因此，不得不靠陶先生四处募捐来维持全校200多师生的生活。所以我们一天只能吃两餐稀饭，一餐干饭。为了保持我们需要的营养，陶先生关照厨房每天都要给我们吃烧黄豆。我们不能每天吃到猪肉，就买猪血给我们吃。有一次，陶先生从重庆回来，他顾不得休息就跑到厨房去看，发现已滤去米汤在烧箕内的饭坯子内小砂粒很多，他立刻关照工友停止蒸饭，马上跑到校内礼堂打紧急集合钟。当当当，当当当……我们闻声都赶去集合。此刻，陶先生已站到讲台上，他大声地对我们说："我们培养的人才幼苗，是要一个个茁壮成长，是要去追求真理、反抗侵略、建设新中国……这饭中砂粒谷稗太多，会妨碍你们的成长，不但不会成人才，甚至可能进棺材。"散会后，大家分拣米饭中之砂粒，拣净后再去蒸，那天的饭迟开了半个多小时。从此，我们每天下午课余时间都要拣米中的砂粒、谷稗等杂物。就是这样的生活琐事，把它拿来同反动派所办的学校对比，就有天壤之别。记得1944年春我在反动派办的国立中央工专读书，学生吃饭虽是公费，但吃的是已经霉烂了的平价米，米里有数不清的小石粒、砂子、老鼠屎……我们称这种米煮的饭为"八宝饭"。就是这种"八宝饭"，由于遭到学校总务长及以下办事人员层层克扣，我们每天只能吃个半饱。再加上学校和厨房不讲卫生，学生身体都很虚弱。就在这时，学校就发生了一场可怕的流行病——伤寒。从发病起不到一星期便有200多学生送进了医院，学校被迫停课放假。送进医院的学生，有11人丧失了生命。我当时也不幸染上了伤寒病，被送进重庆覃家岗的伪中央医院，病势非常严重。陶先生知道了这消息，立刻派人送药来，并写信给医院院长，请他想尽一切办法把我医治好，不要让我这个刚成长起来的幼苗夭折。我病愈出院，到管家巷28号去见陶先生，他笑着说："你想去领文凭找工作，在反动派办的学校里，你差点领了文凭进棺材。你现在很需要休养，就回育才来吧！"我走出老夫子（我们常常这样尊称陶先生）的房门，深深地体会到老夫子对我们这些穷苦孩子的爱，真比我们的亲生父母还亲。

对于我们在政治上的成长，老夫子也是很关心的。在育才学校里，可以自由阅读重庆《新华日报》《群众》《大众哲学》《列宁选集》《鲁迅文集》等书刊。延安那边的歌，我们会唱。延安那边的舞，我们会跳。延安那边发表的重要文件，我们最先看到。所以当时有很多人称我们这里是"小延安"，是为解放区培养干部的学校，那确是名副其实的评价。如在抗战和解放战争时期，我们有些同学先后奔赴延安，有的到华北、苏北解放区，有的到皖南，有的投入川东、东北等地的武装斗争，迎接解放。我在这里讲两个事例来说明我们育才同学献身革命的英勇事迹。易元祺同学是我的草街同乡，读古圣寺小学在一起，他的叔父易光远是我们育才的庶务（相当于现在的总务工作）。正当育才处于最困难的阶段，当地的土豪劣绅勾结联保主任威胁易老大爷，要他离开育才，不要为共产党的学校办事。可是易老大爷不怕威胁，他对我说："育才是所好学校，陶先生是好人，是穷孩子的好父亲，我不能离开育才。"他不但继续为育才工作，而且还将他的亲侄子易元祺送进育才读书。育才迁沪后，易元祺留在四川，奔赴川东地区，为了解放事业，在参加与反动派的斗争中，英勇地献出了自己年轻的生命。另一同学陈尧楷，解放前夕，他和徐永培同学回到大竹一带组织武装斗争，迎接解放。根据当时参加斗争的同志说，陈是游击队领导人，作战机智英勇，经常打得敌人狼狈不堪，敌人闻名便丧魂落魄。在一次战斗中，敌人以数倍兵力将他们团团围困，他们不屈服，不投降，直到弹尽粮绝，英勇牺牲。敌人为了炫耀自己的"胜利"，将陈的头割下悬挂城门示众。徐永培同学也是这样英勇牺牲的。像这样的优秀儿女，我们育才还有好多好多，在这里我就不一一叙述了。

由上面的回忆，可以窥见陶先生办的育才确是一所革命的学校。他为人民培养了不少的人才，毛主席称赞我们的陶先生是"伟大的人民教育家"，敬爱的周总理称他"是一个无保留追随党的党外布尔什维克"，确是当之无愧。

沥尽心血培育人才

张再为

育才学校于 1939 年 7 月由校长陶行知先生主持开学之后，校内中共地下党随之建立起来，许多党内同志和进步人士踊跃参加工作，政治思想非常活跃，更有党的领导人周恩来、董必武等同志的关怀爱护。周恩来、邓颖超等同志亲往古圣寺，向全体师生作报告，指导工作，对大家鼓舞很大。担负教学业务的教师，有不少是专家、学者、社会知名人士；还有一大批思想进步、生气勃勃的年轻教师，以大哥、大姐的热情友爱来辅导学生的学习、生活。既严肃认真，又生动活泼，课内课外充满了民主和欢乐气氛。陶校长主持学校大政方针，他以主要的精力和时间，为办好育才学校而奔波忙碌。由于社会进步人士热情支持、赞助。校务蒸蒸日上。这段时期，学校的发展是较为顺利的。

可是 1941 年 1 月初，发生了皖南事变，国民党反动派掀起的第二次反共高潮的恶浪，冲击着育才学校。第一是大批教师的撤退。许多地下党员和太露锋芒的进步人士，他们为了革命的利益和斗争的需要，必须服从组织上的安排，转移阵地。有的去了延安，有的去了中原解放区和其他地区；有的转移到别的战斗岗位上去了。这就不能不直接影响到教学力量的削弱。但是一些教师走了，另一些教师还在，特别是校内地下党的组织力量还在。党支部积极团结教师，保证学生的学习。有的课一时没有教师上，就动员学生组织起来进行自学。陶先生在重庆城里，听到这一消息，也很受感动，立刻写信回校，鼓励大家组织自学，说："先生不在学如在，乃是真正的学习。"其实，这一年，一批教师走了，另一批教师又来了。贺绿汀走了，范继森来了；陈烟桥走了，刘铁华来了；魏东明走了，艾青来了；帅昌书、吴渤走了，程今吾、方与严来了。教学工作坚持下来了。

学校受到第二方面的冲击是经费困难。1940年下半年，由于国民党政府滥发钞票，通货膨胀，物价飞涨。学校经费，已显拮据了。皖南事变后，国民党反动派更用经济封锁的恶劣手段来卡着育才学校的经费来源，致使学校开支一时万分困难。但是陶校长并不气馁，他一方面采取紧急措施，减少总务部门人员和改食两餐的办法，以渡难关；另一方面又写信给马副校长，鼓励大家说："在平时办学，一帆风顺，人人能办。在艰难困苦中不动摇而向前创造，才为难能可贵。奋斗是成功之父。请向大家传达。"他勉励全校师生，坚守岗位，苦撑待援，立即就近借粮、借款、暂解燃眉。同时，又组织力量，向菲律宾、新加坡、南洋和国内友好人士开展募捐活动，用以冲破经济封锁。直到这一年的暑期过后，学校伙食，才恢复到两稀一干的水平。

陶校长在千方百计来解决学校经费困难问题的同时，他最关心的，还是学生们的学习。学校经费刚露好转迹象，他就在建校两周年纪念的前一个月，即六月二十日提出了"来一个'集体创造月'的活动"。师生全动员，在这个月里，建造了四个露天讲座，一个舞台，两个游泳池。改造了图书馆，建立了自然科学馆、历史地理陈列馆、艺术馆。举行了很有意义的展览会。一个月的创造，硕果累累，大大鼓舞了大家开展集体创造的干劲。据此，陶先生在校庆二周年纪念会上作报告说，集体创造是要有计划地进行。

> 一要创造健康之堡垒；
>
> 二要创造艺术之环境；
>
> 三要创造生产之园地；
>
> 四要创造学问之气候。

陶先生又提出了《育才创造计划大纲》：要安定教师生活，辅导教师进修；要敦请学者轮流来校讲学；要培养幼年研究生，培养幼年干事；要扩充图书馆；要实行"寸土运动"；要开源节流，要运用教育医药为地方服务等等。

这个创造年计划，实际上是引导全校师生奋发有为，克服困难，渡过难关。引导学校继续开拓前进的宏伟纲领，提倡集体创造，发扬创造精神。

创造精神陶先生早年就有所研究。他在1919年写的一篇文章中问道，什么是第一流的教育家？他认为条件之一，就是要有创造精神，要敢探未发现的新理。他说，敢探未发现的新理，即是创造精神。要创造，就要有胆量，在教育界有胆量创造的人，即是创造的教育家，即是第一流的教育家。陶先生的一生，就是创造的楷模。他在晓庄时期，在工学团时期，以及在受救国会委托，担任国民外交使节，出访欧、美、非、亚28国宣传抗日救国时期和后来坚持抗战，争取民主时期，时时处处，无不闪烁着创造的光芒，结出丰硕的创造之果。

育才学校在沿着创造年大纲迈步向前的进程中，陶先生先后又发表了《创造年献诗》和《创造宣言》等伟大作品。不断鼓励教师、同学共同努力，发扬集体创造精神，要大家都来创造。"开创造之花，结创造之果，繁殖创造之森林。"

培养幼年研究生，是因材施教，早期培育的又一创造性的实验。陶先生亲自指导十三四岁的朱振华进行"古圣寺历史"的研究，制定研究计划，搜集研究资料，拜访老和尚，找到最早的和尚坟碑和建立古圣寺的残碑。翻阅年谱、账簿。经过分析研究，认定古圣寺的建成要比莎士比亚（1564—1616）小三岁，那就是创建于明代嘉靖末年了。朱振华把研究结果，写成两万来字的长篇报告，在墙报专刊公布出来，全校老师同学都受到很大的鼓舞。

陶先生就以培养朱振华学习研究的成功经验，要求各组选出对象进行培养。每个人的中心研究题目，他都亲自审定。一年以后，共有幼年研究生27名，写出了4个剧本，27支曲子，研究报告10余种，自制教学仪器30余件。这时朱振华研究的题目是苏德战争。把苏德战场两军形势进行分析论证，得出苏联必胜、希特勒必败的结论，拿到重庆的群众集会上宣读，得到大家好评。

为了解决专业教师不足的困难，陶先生提出了请进来、走出去的两种办法。

请进来，就是和专家约定时间来校讲学。好处是时间集中，内容集中，一次讲不完，下次又另约时间来讲，可以不占专家们过多的时间。1941年冬天，约请历史学家翦伯赞先生来校讲了三个星期，提纲挈领地把中国通史讲了一遍。1944年秋，翦先生又来校讲了一次，花了半个月，批判了蒋介石反共卖国等罪行。文学方面请姚雪垠先生来讲过文艺创作，请曲仲湘先生来讲过自然科学等等。后来曲先生当了老师，任了自然组主任。

走出去，最有名的是"雾季见习团"的活动。这是育才学生以社会为学校，走向社会学习的好方式。平日的冬天雾季，是山城最为沉闷的天气，但在抗战时期的雾季，却是一个大有作为的季节。因为日寇飞机不能飞来轰炸破坏。在这些年间，冬令一到，倒是山城人民最为活跃的时期，文化活动较为广泛。上演的戏剧、电影也较多。平日分散住在各个山乡角落里的文化人也都集中到城里来了。陶先生就有计划地把同学们组织起来，称为"雾季见习团"去城里参观学习，看戏、看电影、看画展（这是艺术各组的艺术实践），参加演讲会，听大报告，请人作专题演讲等，都是给见习团学习的很好机会。1941 年 10 月派了第一批。开始，在城里没有住地，只能商借别的单位。因此，去见习的人不可能多，规定戏剧组可推代表五至八人，文学组、社会组各推三人。约定戏剧组住中苏协会，备膳一桌，因此不能超过八人。文、社二组寄宿文化工作委员会，而膳食只能解决六位，故每组只能派三人。陶先生规定，去见习的代表，要努力记笔记，带回学校，向同学作报告。

1941 年冬，陶先生找到一所被敌人轰炸后无人居住的大房子，以后又找到房主人，约定以修理费作为五年的租金代价，这就是重庆管家巷 28号育才学校重庆办事处。至此，育才学校在重庆有了自己的活动场所。陶先生就决定利用这个雾季，由戏剧、绘画、音乐三个组来渝见习。并筹办画展、演戏、演奏三大会。画展，借用中苏文化协会场地，设了三间展览室，另一间辟作陈列育才之友如冯玉祥将军、郭沫若先生及许多艺术先进前辈们送的字画。这次画展的主要目的，一方面是让小朋友们的作品向画家艺术家们请教。戏剧组在中国电影制片厂抗建堂演出五幕儿童剧《表》。

音乐组在广播大厦开了音乐演奏会。三个会在艺术上都得到社会人士的好评。而且卖画、卖门票，又有经济收入，对学校经费，不无小补。

由于有了办事处这个场地，这个雾季期间的 1942 年 2 月 21 日以后，安排了文学组来见习两星期。文学组回校后，接着自然组来两星期，自然组回校后，社会组来两星期。各组都轮着来城里见习了一次，食宿便利，学习机会也好。

绘画组在这个雾季活动的基础上，就在管家巷 28 号建立起了儿童美术馆，成为绘画组在城里学习的基地。

此后，每年的雾季见习团，各组学生轮流来重庆学习外，绘画、音乐、戏剧三组还在这里举办展览和演出等活动。

1944 年戴爱莲先生到校后，又主持设立了舞蹈组。至此每在重庆演出，舞台上又增加了舞蹈节目。他们除常与音乐、戏剧同台演出外，戴先生还多次领导舞蹈组学生单独开办舞蹈表演会。这时重庆文艺界的艺术活动又增添了新的内容和风采。

按照陶先生的"教学做合一"的原则，艺术各组在重庆举办画展、演戏、开音乐会、舞蹈表演会。通过这些艺术实践，学生们的进步，陶先生对他们要求也十分严格。如有一次音乐组开演奏会，节目单上，除名曲演奏外，还有好些同学们自己创作的节目。陶先生立刻书面指示音乐组说："创作要先由专家听过而后演奏，才不致出岔子。宁缺毋滥，以养成认真的态度。……倘使一篇创作也不能通过，也只好付之阙如，然后才能提高作品质量。所以应该以练习名曲演奏，如此方无毛病。"陶先生就是这样严格要求学生。所以育才学校每次对外演出，台风端正，态度认真，质量也高。每场表演都得到社会人士的好评。

要求严格是好事，但有时也弄得陶先生自己很为难。如有一次，音乐组准备演出时，要搜集新的歌曲来替换老的节目。陶宏、陶晓光两同志从外地弄到《神鹰歌》及《战歌》两支新歌寄给陶先生。陶先生立刻派人去歌台子请教胡然先生，可否排入表演节目。可惜胡先生正忙于其他演奏任务，抽不出时间审查。而音乐组的学生们则要坚持陶先生平日规定的原则，新作品不经专家认可，决不排上节目。这可是为难了陶先生，因为这两个歌子，如果不能排上节目，势必有损两位陶同志的积极性。于是陶先生及时回信说："假使他们'保守'，不能争取时间，我将令一两位会唱的小朋友在广播大厦特别广播，而不在同一天举行，订了日期再告诉你们。"刚好这时预定的音乐晚会因故延期一日，在百忙中，胡然先生又把两个歌子审查认定了。陶先生高兴得什么似的，立马又写信给两位同志说："你们完全胜利了，寄来的《神鹰歌》及《战歌》得到胡然先生同意，已经列入节目。"这是演奏活动中的一段插曲。

在 1943 年末的雾季演出之后，陶先生就和重庆广播大厦订立了协议，每月最后星期三举行一次音乐晚会。以后又商定每月最后星期五加演一次。为了认真准备晚会节目，音乐组的青少年们在专家老师的指导下，是卖了力气的，也取得了不少的进步。

通过历次画展活动，绘画组的青少年们在艺术上也取得了较大的进步。他们在国际友人的协助下，于 1944 年 10 月间，去印度加尔各答举行了画展。也得到印度各界人士的好评。

戏剧组继《表》演出之后，连续演出了《小主人》《荒岛历险记》《嘟啷办》等大型多幕剧，都取得很好的评价。特别是三幕四川方言剧《嘟啷办》在北碚、在合川的演出，抓住了群众思想。后又搬到重庆演出，轰动了山城。因为这个剧的背景是在 1944 年秋，日寇向我南线进攻，"国军"湘桂溃逃，独山失守，重庆震动，蒋介石想逃往西昌，在此紧急情况下，我党南方局，发出了准备就地抗战的号召，育才学校为了响应党的号召，由戏剧组的同学在老师指导下所编写的。戏剧内容反映了日寇的残暴，人民的苦难，也指出了斗争的道路和人民的力量。每场演出，座无虚席，深得各界人士的赞赏。

紧接着《嘟嗼办》的铁与血的战斗场面之后，舞蹈组又同台演出了刚劲明快的"农作舞"。轻快健康的旋律，在鼓舞着观众不能有一刻松懈，为争取民主权利而斗争。

在组织学生们走向社会学习的过程中，陶先生深感艺术各组要请教名师，还须给名师以便利的必要。因为许多学者专家，往往身负多重任务，能挤出点时间来指点育才学生学习，就已经是很不容易的了，不能人人都放弃城里的许多艺术活动，长期蹲在古圣寺专门教学。陶先生根据实际情况，考虑到与其请名师去古圣寺（那里是远离重庆130多里的偏僻乡村，交通很不方便）上课教学，不如让学生迁进城来将就名师为好。于是先让绘画组住在管家巷28号，是便利许仕琪、梅健鹰诸画家的指导；又把戏剧组迁进城来同绘画组住在一起，是便利刘厚生等戏剧家的指导；之后，又把音乐组迁来重庆，先住歇台子，是便利抗敌歌咏团的音乐家胡然等先生的指导。不久，抗敌歌咏团结束，音乐组又迁居江北相国寺，是便利中华交响乐团音乐家黎国荃、李凌、马思聪诸先生的指导。这是1942年、1943年的事。这三组迁到城里，一方面便利名师指导学生学习，另一方面也便利学生就近开展画展以及演出等活动。绘画组订名住地为儿童美术馆，戏剧组订名为实验剧团，以便利他们独立开展活动。

1945年四五月间，学校又在北温泉租得临江楼屋一座。鞠先生认为这里是一个科学环境，因为北温泉有最好的植物园可供学习，有缙云山丰富的动物植物可供探讨，北碚有规模宏大的博物馆可以参观。三峡一带有工矿、农场及各种研究所、实验所可以观摩研究。于是决定把自然组迁来临江楼，并定名为自然学园。这年又招进了一批难童，扩充了自然组学生人数。

这些组分住各地，分散活动，自与行政管理带来不便，但陶先生都能指挥自如。

抗战胜利后，又得党的支持和大有农场主人饶国模先生的支援，解决了校舍。于 1945 年底和 1946 年初将校本部从古圣寺迁进红岩村。同时又将分散在北温泉和城里的各组，陆续迁回校本部。这样，学校就和八路军办事处和新华日报馆成了邻居，得到党的教育和关怀就更多了。这年春节，八路军办事处开联欢会，全校师生应邀参加，周恩来同志给大家讲了话。学期开始，在陶先生和廖意林同志的邀请下，有张友渔、何其芳、章汉夫、刘宁一等同志先后给同学开座谈会、作专题报告。熊复同志定期来校开政治问题讲座，使学校师生受益不浅。

抗敌儿童画展

——忆育才学校绘画组的首次画展

宋　融

1941年初，国民党反动派的第二次反共高潮皖南事变后，育才学校遭受到反动派更进一步的政治上的迫害和经济上的封锁。中共中央南方局和敬爱的周恩来同志，为了不使反动派对育才学校在政治上下毒手，将在育才学校任教的不少老师——中共党员和进步人士，转移到解放区或其他地方隐蔽。因此，我们绘画组的陈烟桥和张望老师，也先后离开学校。陶行知校长为了解决绘画组没有老师上课的具体问题，在1941年秋冬，把我们绘画组全体学生，从古圣寺搬到重庆市中区和平路管家巷二十八号育才学校驻渝办事处。先后请了许士其、梅健鹰、王琦等著名画家来教导我们，同学们才得以继续学习。

陶校长为了打破反动派对学校的经济封锁，解决学校的经费困难，提出了"开源节流"的口号。开源的办法之一，就是组织音乐组、戏剧组、绘画组的同学们，在重庆举行募捐性的儿童音乐会、公演儿童话剧和儿童绘画展览。

我们绘画组的十几位同学，经过将近半年的准备，于1942年元月11

日至 15 日，在重庆中苏文化协会举行了"抗敌儿童画展"。

这次画展，我们学生的画共布置了三间展室：第一间全是木刻作品。第二间是水彩画。第三间是油画、粉画、铅笔画、木炭画。另外还专设了一间"育才之友"的作品展览室。展出的全是陶校长请郭沫若、沈钧儒、冯玉祥、徐悲鸿、吕凤子、许士其、赵望云、关山月、叶浅予、廖冰兄等几十位名人、名书画家捐赠的字画。所有这些展出的作品，都标明了作者。我们学生的还注明了作者年龄，也都标明了义卖的价格。名人的字画，标价高些。有的一幅价数百元。至于我们这些孩子们的画，标价从几元到几十元一幅的都有。这些进步的知名人士，就是这样有力地支援育才学校。展出期间，来参观的群众，络绎不绝。许多进步朋友，为了帮助育才学校，除大量认购名家的字画外，也认购了我们这些孩子的作品。

我们绘画组全体学生，在每个展室内热情地接待观众，回答他们提出的问题。大家提出的问题很多，我印象上最深的有这样两个问题。第一个是当时在重庆，各种画具很难买到，能买的价格也昂贵，在育才学校经费非常困难，吃饭都靠陶校长四出募捐的情况下。问我们是如何解决画具的？第二个是问我们为什么要学习绘画。

对第一个问题，我们的回答是：自己动手，千方百计。能自己做的就自己做；能找代用品的就找代用品；非买不可的，如铅笔、钢笔、水彩颜料等，也要节约再节约。我们在木工师傅的指导下，自己做画板、画架，练习木刻用廉价的柏木板代替昂贵的梨木板，并自己刨成木板。那时我年岁较小（只 13 岁），还不会做画板、画架，但学会了锯、刨木刻板。画纸是用当时四川土产最廉价的"嘉乐纸"练习素描、速写；用土产的白报纸画铅笔画、钢笔画和水彩画。用桑枝、枫枝剥皮后，削成细小方条、圆条形状。装在铁盒里用沙塞紧后，放在火里烧成木炭条，画木炭画。说起烧木炭条，最难的是"火候"不易掌握。烧久了成为"泡木炭"，烧得不到时候，又不能成炭条，都不能用来画画。我们经过反复实践，大家都基本上能掌握"火候"。现在虽已时隔40多年，我还能自己烧木炭条呢！那时最困难的是要练习油画，昂贵的油画笔、油画颜色根本买不起。我们在老师的率领下，也采用了土办法自己造出了代用品，用猪鬃捆好放在枪弹壳的一头夹紧，另一头装上木杆。造出了油画笔；用桐油、亚麻油配合石蓝、石黄、石红等，造出了油画颜色的代用品。我们就是用这样的画具来练习绘画。也是用这样的画具所画出的作品，在重庆举行了首次儿童绘画展览。

对第二个问题，我们的回答既简单又明确。那就是陶校长在一次朝会上向我们全校学生所宣读过的一首《为老百姓而画》的诗歌。诗中写道：

> 为老百姓而画，
>
> 到老百姓的队伍里去画。
>
> 跟老百姓画，
>
> 教老百姓画画。
>
> 画老百姓：
>
> 画老百姓的爸爸，
>
> 画老百姓的妈妈，
>
> 画老百姓的小娃娃。
>
> 画出老百姓的好恶悲欢，作息奋斗。
>
> 画出老百姓之平凡而伟大。
>
> ……
>
> 创造出老百姓所愿意有的新天下。

陶校长就是这样明确地教导我们要怎样学习绘画和为什么要学习绘画的，老师们也是这样教我们的。记得1941年初，我在听了廖意林老师（那时我们亲切地称她为"意姐"）讲了在敌后游击区，农民群众组织起来，拿起武器，保卫家乡，夜间还要轮流放哨站岗的故事后。我以此为题材，画了一位背枪的人，站在村庄外面，表示在站岗，画面既单调又分不清是白天还是黑夜，我把草图送给张望老师看后，他首先肯定了我要表现的主题思想——保卫家乡是好的，但同时对我说，画面太简单。你想想还可以画上些什么？在农村几乎每家都养有狗，它会跟着去吗？夜间又该怎样表现出来等等。经过张望老师的启发，我再三修改，最后采用了一块圆形的木板，在绝大部分黑色的画面上，用白线条画出一位背枪的农民背影，在他脚边站着一条翘起尾巴的小狗。远处村影的天上，画了一个半圆的月亮，这幅木刻题名为《夜哨》。以后收集在育才学校绘画组编辑出版的《幼苗集》，也在这次画展时参加了展出。

这次画展我们每个同学都有作品参加展出。现在回忆，还有几幅大型的油画，是绘画组同学们自愿组合的几个小组集体创作的。其中有一幅是我和邓年、张紫英等同学，以我们这些难童在逃亡流浪中的亲身经历和看到的情景为题材共同创造的。画面是经过战争已成废墟的原野上，一棵孤零零的被烧断的树杆旁，躺着一位已死去的母亲，她身旁跪着一个双手捧着脸在哭泣的孤儿，天空硝烟滚滚，以此表示我们祖国在受难。这次画展展出的木刻，可说全是以抗日为题材的作品。当时，我们党在重庆公开发行的《新华日报》就这样报道说："几十幅木刻中，强有力地刻画着祖国的受难：敌人残暴的进攻，敌机的狂炸；刻画着祖国的新生，战士英勇的挺进，空军的英姿；也刻画着祖国走向新生的黑暗面，民生的痛苦，难童的流浪……"《新华日报》在1942年1月12日，还以第二版的篇幅，刊登了私立育才学校绘画组编的《抗敌儿童画展特刊》。选登了这次画展的三幅木刻作品。这就是 15 岁的张大羽作的《击敌》，13 岁学生宋昌达作的《农家乐》，16 岁学生邓年作的《集会》。

这次画展，是那时在重庆首次举行的较大规模的儿童画展。得到了各界人士的好评。冯玉祥将军还写了一首《小艺术家赞——为育才学校儿童画展而作》的诗歌，发表在 1942 年 1 月 19 日的《新华日报》上。全诗为：

小小艺术家，成绩真可夸。

各拿刀和笔，绘画抗战画。

处处有意思，幅幅都秀拔。

表现出天真，满眼皆奇葩。

唯爱全人类，唯爱我中华。

艺术作武器，向敌猛冲杀。

打走日本鬼，打倒希特拉。

世界侵略者，一律铲除他。

要以自由血，开出和平花。

但凭正义感，描写真理话。

抗战兴建成，有赖新文化。

此亦文化军，战果实不差。

育才的舞蹈活动

吴　艺

20 世纪 40 年代初，我跟随戴爱莲先生在社会教育学院电影文化专修科上学。大约是 1944 年夏天，陶行知先生邀请戴先生去育才学校舞蹈组执教，戴先生答应了。戴先生在国外学习舞蹈多年，回到祖国之后一直在探索舞蹈民族化的问题。她去育才，我们这几个学生需要跟随进校。但是我们进育才需要经过考试，我记得那个考试也是很特别的。那是在北温泉江边的一个茶馆的竹林中，由陶先生亲自进行个别谈话。陶先生坐在竹椅上，戴着眼镜，听人说他在外国留过学，最近还去过很多国家。可是我面前的陶先生：衣着朴实，平易近人，态度和蔼可亲，没有一点洋气，没有一点学者架子。谈话过程中，陶先生谈的很多话都是我第一次听到的，感到很新鲜。陶先生说："我们要搞中国的舞蹈事业，要搞大众化、民族化，要走中华民族自己的道路。"我当时比较年轻，人很幼稚，有些话还似懂非懂。这样，我就被吸收为育才学校舞蹈组的工读生，既学且教。还参加演出，这都是完全符合陶先生的"教学做合一"的思想的。

不久，我们就跟随戴先生前往草街子古圣寺的育才学校。记得去育才学校的头一天，一路走去，就远远地看到在茂密的绿树林中的一座古庙，这就是我们的学校。进了学校，完全是另外一个天地。处处都显得朝气蓬勃，这里讲究思想解放，主张人要手脑并用，自食其力。这里有一片片绿油油的菜地，都是师生们自己种的。学生们还自己去背米、自己推磨做豆腐、自己养猪，处处都体现了陶先生的教育思想。我们的教室就在自己搭的一个土台子上。小山上、树林里还布置了很多土台、石凳，叫普希金林，叫马列主义讲座课堂等等，都是露天的。陶先生自己也住在普通的草房"逸少斋"里。

我们在育才除了语文、数学、外语等必修课外，还经常听中共党的领导人周副主席、邓大姐以及进步文化人士、学者如翦伯赞等人的报告或专题讲座。在社会教育方面，我们还下过附近的煤矿。那时候是不让女孩子下矿井的，我记得我们女同学是着了男装下矿井去接受阶级教育的。另外还有"教"，育才学校推行小先生制，教附近老百姓认字，并传播进步思想。我们舞蹈组，还要进行舞蹈基本功的训练。戴先生有时还带着学生去民间采风，碰到少数民族地区的人，就向他们学习民族舞蹈。

此外，戴先生还带我们到重庆去公演，到各大学去演出。我们的演出既是革命宣传，也是教学实践。同时还可为学校解决一点经济上的困难。当时我们演出的节目，记得有戴先生吸取民间舞蹈形式自己创作、自己演出的《森林女神》《哑子背疯》《思乡曲》《战鼓》；有戴先生和我合演的《新疆舞》《卖》（这是描述穷苦人无法生活，被迫把女儿卖给地主的舞蹈）、《跑警报》（这是一出描写抗日战争时日本鬼子轰炸中国人民的舞蹈）、《游击队故事》（演的是游击队与鬼子斗智的故事）；还有《苗家月》和延安秧歌剧《朱大嫂送鸡蛋》等等。说起秧歌剧，记得有一次好像是个纪念日，戴先生带我去化龙桥《新华日报》编辑部参加活动。看延安王大化表演的大秧歌和新四军舞蹈演出，这次我们学习了秧歌舞，《朱大嫂送鸡蛋》就是这次的学习成果。后来由于师生的共同努力，推动了重庆社会的秧歌活动，扩大了革命宣传。我们演出的这些节目是革命的、向上的、健康的。人民群众看得懂、喜闻乐见，社会反响很大。不少节目由于它们的进步意义，都曾受到各界进步人士和广大群众的称赞。许多年来，我经常反复思考，我们当年学习、演出过的这些节目具有如此丰富的内容，多样的形式，在社会上产生了那么深刻的影响，是怎样取得的呢？无疑这正是我们沿着一条由陶先生指出的民族化、大众化道路前进的结果。这个时期正是中国舞蹈事业的初创阶段，戴爱莲先生当时所探索寻求的，也正因在陶先生创办的育才学校得到了适合它形成、发展的条件和环境，才开拓了后来的新局面。

陶先生所从事的教育事业，开辟了我国新的教育途径，为祖国和人民做出了巨大的贡献。陶先生创办的育才学校确实为祖国培养了许多人才。他们之中，有不少人已为我国的解放事业献出了生命，还有很多人已经成为我国各条战线上的骨干，这一切都说明陶先生的教育思想是正确的。我们应该很好地接受这份遗产，学习它、研究它，更好地为今天的教育事业服务。

于平凡中见伟大

——陶师轶事散记

田　苗

　　陶先生一生俭朴,在北碚住在檀香山桥附近的一座小碉楼内,1940年4月22日,周恩来同志、邓颖超同志去育才参观前,就到这里住过。陶先生有事和学生外出,给学生买好点的饮食,自己则是两碗小面,有一个水果也要给有病的老师或学生。他随身带着许多小手巾,以备吐痰之用。因他患有长期咳嗽的毛病,怕传染给人家了。他连自己的收入也花到办学上了,但却舍不得花钱彻底医治自己的宿疾。

　　皖南事变后,育才学校受到政治上的压力,经济上的封锁,有好心人劝他停办育才,不要背着石头过河了。他却回答道:"我是背着爱人过河!"始终坚持办好育才,并写了诗《荷叶舞歌》,由师生编成了歌舞,大唱大跳,鼓舞师生树立莲荷出淤泥而不染的精神。

　　在南京办晓庄师范时,附近燕子矶常有青年因失业、失恋,或忧时愤世而投江。陶先生就在那里竖了两块大木牌,一块上书大字"想一想,死不得!"另一块大意是与其无辜死去,不如奋起救国。其爱惜青年之情可由此而想见。1945年夏,育才一老师带着几十个学生从北碚渡江返校,适值洪水。事后，陶先生就批评那位老师道："为啥不分为几次过渡，而要一船过尽呢？这是孤注一掷。船翻了，牺牲多大哟！"可从此事，又见其爱护青少年之心。

育才困难时，一日两餐稀饭。陶先生对学生身体一向关心，周总理曾送去过400元钱，他就遵嘱转示学校，全部用作购置体育用具。当饥馑袭击师生之时，有桑文澜先生提出建议，黄豆便宜，养分又高，可适当多吃黄豆。为此，他对桑先生分外感激，又亲自到食堂拾捡饭粒，教育学生："粒粒皆辛苦！"

陶先生自己在困难中，还常常叫学生在去北碚时，衣袋里装点米给翦伯赞先生送去；还有一位擅长军工、搞冶金试验的专家，竟然靠制卖木板鞋为生，比翦伯赞先生还困难，他也叫学生去北碚时送米去接济这位专家。

皖南事变后，特务常去学校指名道姓要捕人，陶先生就出面和他们斗，将特务指名的师生转移隐蔽之后，反而向特务要人，特务便只好罢休。陶先生还向冯玉祥将军要来了五张国民党党员证，以作掩护进步人士之用。

1938年，陶先生和音乐家任光，在汉口临时保育院发现个生着头疮的小孩，乐感极强，还能指挥、记谱，便记下了名字。1939年办育才时，从各保育院收来的学生中，都没有这个小孩，陶先生便又派人去寻找。原来招生时，那小孩正在打摆子，终于把他招来培养成了一名出色的指挥，还写了不少歌曲。他就是现在在中央音乐学院执教指挥的陈贻鑫同志。

育才学校师生自己辟有农场，开荒种地，尽管解决育才师生吃饭尚有困难，但还向外伸出了援助之手。河南"水旱蝗汤（恩伯）"成灾时，陶先生就带领学生到北碚马家沱开荒生产，救济河南灾民，援助印度。因那时印度大饥荒，饿死了不少人，事后还向大家公开情况，说明收入了多少，何时寄去了印度。

在北碚，有学生问陶先生留学美国时是怎样过日子的，他拿出一块银圆说，去时就只有这块银圆，回来它还在。原来，他生活简朴，从不乱花钱，吃饭问题解决后，购买书籍等就靠自己演讲挣钱。在美国听演讲是要花钱的，陶先生借此解决了用费，并宣传了中国文化。有时就是讲的《水浒》《三国演义》这些故事。

陶先生特别关注的是极其困难的人，收学生是这样，用工人也是这样。育才附近一家地主的长工跌断了手，陶先生就派人把他抬到北碚医治，医好后又留他在学校做工，他感动得流泪。育才的工人都说到了学校后，才懂得了自己也是人！陶先生去世时，有的工人竟远道奔赴重庆送挽联参加悼念，在先生遗像前痛哭。

育才送了许多师生去延安或其他解放区，行前都想着陶校长，贺绿汀去延安前问他为啥不去延安？他说他可以团结些人，在重庆更有用，去了延安，育才师生也更要遭殃。同样的话，对他的夫人吴树琴也说过。北温泉绘画组的育才同学伍必端去延安前，兴奋得哭了，就问陶校长多久才去延安？陶先生笑道："你们先去，我总是要去的。"可是，他不幸猝然去世，延安却终于未能去成。难怪临终前告诉他夫人，埋葬时要头向北方。

陶先生向保育会借了一批棉衣给育才学生过冬，归还时，他检查后向学校写了一封信，认为只有燕昭华所用的一件才合要求，其他的均须洗净补好后才能归还。而且规定得严格细致，要用同色的布和线缝补。否则不仅将来不好再向人借，更对不住将来穿这些衣服的小朋友。可见其"爱满天下"的胸怀是宽博的，心思是深远的。

为了从军事上训练育才学生的抗日本领，陶先生曾借好友——当时北碚三峡实验区区长卢子英的名义，向住在澄江镇的陈诚部队十八军十八师，发出了到育才参观的请帖。副师长狡猾反动，派了参谋长赵秀昆去做代表。赵去育才后见一切都好，大受感动。稍后，陶先生就趁机向十八师借旧枪50支，副师长当面不置可否，待赵秀昆同意借出后，就向蒋介石侍从室打秘密报告，说育才学校共产党人很多，赵将枪借给育才是很危险的。幸好这份报告在侍从室被赵的好友看见，压了下来，通知赵赶快把枪收回，才未酿成变故。湘桂吃紧，独山失守时，陶先生又通过组织在南方局领来一批枪支，准备重庆如沦陷就组织民兵打游击。这批枪支，在毛主席到重庆谈判时，另有他用，才归还南方局。育才所在的草街子街上，有一批不务正业、赌博游荡的青年，深为居民痛恶。陶先生就在瞿家湾给他们办了一个青年学习班，教他们识字明理，懂得人生。这批青年迅速转变，当地父老莫不赞叹。有的青年看了育才演出的秧歌剧《一朵红花》，就痛下决心改邪归正，进步很大，个别的还及时参加了革命。

抗战初期，蒋军节节败退，人心悲愤不已。陶先生这时便协助北碚区区长卢子英，请来了东北抗日游击队队长赵侗的母亲，被称作游击队之母的洪文国老太太，现身说法，大会演讲，小会细谈，从而在北碚掀起了一个参加志愿兵的热潮，对当地人们进行了一次爱国的教育。

科普作家高士其早年因细菌感染，无法治疗，刚从美国归来时，父母不认他，就是得到陶先生的帮助才在南京写起科普作品来的。去延安后，因宿疾复发瘫痪，治病来到重庆，曾住在陶先生的屋里。陶先生建议他去香港疗养，给他做了安排，还替他在卢子英等人处募了一千元钱。因陶先生的精心筹划，高士其终于到了香港，得到治疗。

川北大饥荒时，成群的男女老幼流落重庆，有的也就回不去了。陶先生在北碚街头看见一个孩子在学火车叫，学鸟蹲，模仿各种动物的动作态势，向人求助。看来人很聪明，有演戏能力，年纪又这么小，孤苦伶仃，流落异乡，陶先生便把他收进了学校戏剧组。他就是川北逃荒出来的，名叫王万恩。到校不久，就写出话剧《不太平》，编过些讽刺时局的政治舞蹈小品，演过话剧和电影。不是陶先生，也就没有了他。

民主之魂：
民主的教育与民主的国家

民主教育之普及

陶行知

民主教育一方面是教人争取民主，一方面是教人发展民主。在反民主的时代或是民主不够的时代，民主教育的任务是教人争取民主；到了政治走上民主之路，民主教育的任务是配合整个国家之创造计划，教人依着民主的原则，发挥各人及集体的创造力，以为全民造幸福。

无论是争取民主或是发展民主，都要靠广大人民的群策群力才会成功。这广大人民在数量上是愈广大愈有力量，在认识上是认识得愈深刻愈有力量。因此民主教育需要普及。我们所要普及的是救命的民主教育，要全国老百姓无论男女老少贫富都能很快地得到救命的民主教育。

但是，中国现在还是一个农业国，大家靠着一双手和锄头斧头生产，所以生活是穷苦得很，尤其是经过一百年的帝国主义侵略，三十多年的内战和八年的抗战，弄得万分穷苦。我们要在穷社会里找出穷办法来教一切穷人都得到教育，得到丰富的教育，得到民主的教育，才算是达到了我们普及教育的目的。

大概是六年前，我在成渝公路上的来凤驿住了一晚。吃晚饭的时候，有一群苦孩子来到面前讨饭，我们就把吃不完的饭菜统统给了他们。他们高兴地吃完之后，还是站在门口玩耍闲谈。我乘这个机会，点着他们好学的火焰。我问："你们如果愿意读书，我很愿意帮你们的忙。""愿意，我们没有书。"我指着对门一块招牌"中华餐馆"说："这就是书。"又指着另一块招牌"民国饭店"说："那也是书。"我便引导他们开始读书：

"中华餐馆，民国饭店；

"中华民国，中华国民；

"中国，国民；

"（我是）中华国民，（我爱）中华民国。"

读完，我又看见一个标语"有力出力，有钱出钱。"于是又开始引导他们读第二课。

"有力出力，有钱出钱。"

"有力出力（又）出钱，有钱（不）出钱（又）（不）出力。"

读完了，我问："要不要学写字？"一个小孩子说："没有笔。"我拿出我的右手的第二个指头说："这就是笔。"又一个小孩子说："没有纸。"我拿出左手的手掌说："这就是纸。"于是我就教大家学写字。对着招牌和标语学写，写了四五次，我又叫他们围在一张八仙桌的周围，看我在桌上写字，然后让他们自己在桌上学写。每人都用指头，沾点清水在桌上写，读的字都会写了。后来，我想把这工作继续下去，就教他们组织起来，推举了一个聪明而能干的小孩做队长，带领着别的小孩每天在街上学习，并恭请我住的旅馆老板做先生。这组织与推举也可算是一点民主教育。这办法算是顶穷的办法了，但是来凤驿的十几位苦孩子便因此而受了民主教育的洗礼，并因此而立下继续求学的原始组织。只要知识分子念头一转，肯帮助人好学，不须花费一个钱，便可以帮助老百姓识字，受到民主的教育。如果全国八千万识字的人都肯这样做，都肯即知即传，而且跟他们学的人也即知即传，那四万万五千万人的普及民主教育不是有了办法吗？因此，动员这八千万识字的人来进行普及民主教育是一件顶大的事，也是一件可能做到的事。教人、好学，都是传染的，等到大家都传染了教人、好学的习惯，使教人、好学成了瘾，整个中华民族便成了一个教人、好学的民族，万万年的进步是得到了保证。古人云：学然后知不足。一个人感到不足，他便要向高处追，向深处追，是不会有止境了。因此，民主教育不但可能做到全面普及，并且可能做到立体的普及。

怎样可以得到和平

陶行知

怎样可以得到和平？让我来拆一个字吧。和字从禾从口，要大家有饭吃，而又平等相待，才是和平之道。所以天下为公，立刻可以得到和平；天下为私，是永远得不到和平，一直到那个私字化为公字才行。

丘吉尔批评苏联说他不懂西方的民主。就美国近来在中国的行动来说，我也难免要批评一句，美国到现在还不懂得中国的民主。如果懂得中国的民主，是不必费这样多的力气而中国的和平是久已实现了。

国民党当局在中国执政了十九年之久，到如今还不懂得中国的人民，不懂得中国人民的要求。从教育的眼光看来，实在是学习得太慢了。如果学习得稍微快一点，和平是早已来到了。

币原实在可以算是一位有远见的人。当日本军阀要想并吞东三省的时候，只有他说他们是吞了一颗炸弹。中国和美国关于东北的策划者，到如今还没有这样高的智慧。从今以后，企图独吞东北，不是吞下一颗炸弹而是吞下一颗原子弹。如果东北战事之策动者协助者有这一点智慧，和平可以立刻降临。

华莱士从苏联带来过斯大林的愿望：边界希望有了解苏联的人，中苏边境三千多里，两国官吏都互相了解总比互相反对要好些。

东方的和平乃至世界的和平，有赖于中苏边境军政人民之互相了解。

前次停战协定，将东北划在停战之外是一个漏洞。这次停战条款，只谈军事不谈政治也是一个大漏洞。我们所需要的是真的和平，是有内容的和平。和平与民主不可分，我们要有和平的民主，民主的和平。为什么只谈军事而不谈四项诺言和政治纲领之实现？只有基本自由之兑现，和平才有真价值。否则，在奴隶的和平下做和平的奴隶，有什么意义？因此我们需要和平，同时需要民主。和平与民主都不是从天上落下来的，也不完全靠着代表商谈出来，要靠全国人民，万众一心，拼命争取，才能得到和平，同时得到民主。因此我们希望谈判公开，军事与政治，和平与民主的谈判都公开，使老百姓皆得与闻，而做最后之裁定。

尽瘁民主事业直到最后一息

吴树琴

1945 年抗日战争胜利结束，8 月 25 日共产党中央发表了《对目前时局的宣言》，号召全国人民"在和平民主团结的基础上，实现全国的统一"，全国热爱和平的人民，拥护党的宣言，坚决反对蒋介石在美帝支持下打内战。为了实现这个和平统一的愿望，毛泽东、周恩来、王若飞等同志在 8 月 28 日亲自到了重庆，与国民党谈判。当飞机到达重庆机场的时候，受到各民主党派领导人的热烈迎接。陶行知亦是迎接代表之一。国共双方经过 43 天的谈判，结果双方在 10 月 10 日签订了"双十协定"。但是墨迹未干，国民党反动派撕毁这个协定，阴谋发动内战。"戡乱"传单满天飞，暴露了蒋介石假和平真内战的真面目，激起了爱国人民的公愤。其后，在昆明发生的"一二·一"惨案，在重庆发生的沧白堂事件和较场口事件，都证明了国民党反动派一意孤行，与人民为敌。陶行知先生在这一段日子里，表现出他的鲜明立场。

参加昆明惨案公祭大会　11 月里，重庆成立了反内战联合会，呼吁各界人民联合起来，制止内战。12 月 1 日昆明大中学生举行反内战大示威。

国民党反动派竟命令李宗璜、关麟徵出动大量部队对手无寸铁的学生进行镇压，发生了惨无人道的流血事件。于再老师，潘琰、荀极中、李鲁等同学惨遭杀害，造成了震惊全国的昆明"一二·一"惨案。

12月9日，重庆各界进步人士，共同组织了"陪都公祭一二·一死难烈士大会"。在这天早晨，育才学校晨会上，陶行知校长向师生讲话，慷慨激昂地愤怒谴责国民党反动派的罪行。最后他号召师生都去参加公祭大会，并且告诉大家，要做好流血牺牲的思想准备。早会结束，他就率领师生参加这个大会。在会上，他控诉声讨国民党反动派倒行逆施的罪行，宣读了他在12月7日写的悼念诗。在离开学校去长安寺参加公祭以前，他自己思想上亦做了充分准备。前一夜，他将自己写的诗稿全集整理好，预备交给冯亦代先生出版。并留下给生活教育社同志和我的遗嘱各一份，放在自己房间的桌上，预备为争取和平民主奋斗到死（当时他在重庆育才学校办事处，我在北碚北温泉新亚药厂工作）！

他在12月9日给我的信中说："我现在拿昨晚编好的诗歌全集交给冯亦代先生出版，然后再到长安寺去祭昆明反内战被害烈士，也许我们不能再见面。这样的去是不会有痛苦，望你不要悲伤。你有决心，有虚心，有热心，望你参加普及教育运动，完成四万万五千万人之启蒙大事，以奠定天下为公之基础，再给我一个报告。再见！"

12月11日又来信说："9日追悼昆明师生到千余人，甚为悲壮。我于8日连夜将诗集九册整理完毕，交与冯亦代出版，深恐次日遇险，故于开会前交去，1月内可以出齐。12月11日续行公祭，现已结束。此会对联数百副，中有极佳者，如'凶手审凶手，自问自答；同胞哭同胞，流血流泪。'我曾于9日写一遗嘱与你，另一遗嘱与生活教育社同志，放在桌上给你们，今已顺利过去，原稿我自带来。这次我预备死而不死，今后当尚有为民族人类服务之机会而又能与你再见，真是幸福，我当加倍努力，以无负于此幸福也。"

从他留下的遗嘱中说"这样去是不会有痛苦，望你不要悲伤"的话中，可以看出，他为了国内和平，为了人民自由和民主，为了国家民族的利益，他以大无畏的精神，坚决去参加公祭大会，不惜牺牲生命。当他顺利无恙回来时，他庆幸自己"预备死而不死，今后尚有为民族人类服务之机会"而感到幸福，要"加倍努力，以无负于此幸福"，足见他为国家的利益，为人民的和平幸福，毫无私心，死而无怨。

在沧白堂事件中　当政治协商会议进行期间，重庆各界进步人士，很关心国家大事，为了促进会议的成功，成立了"政治协商促进会"，每晚在沧白堂有专人报告政治协商会议讨论情况。有一晚，我陪同行知去沧白堂听报告。在会议报告进行中，国民党反动派派特务进行捣乱，石子一把把地打入会场，使会议难以继续下去。在主席台上主讲的郭沫若和李公朴当场受伤。群众非常气愤。我们回到育才学校办事处，行知沉痛地写了一首诗，题目是"石头奈何"，诗云：

> 主人要说话，
> 公仆摔石头。
> 纵被石打死，
> 死也争自由。

此诗当时登载在民盟所办的《民主》周刊上。

在较场口事件中　1946 年 1 月 10 日重庆各界为了庆祝政治协商会议闭幕，在较场口广场召开庆祝大会。我随着育才学校办事处的师生同去参加这次大会。国民党反动派蓄谋破坏这个大会，派了不少便衣特务混入会场。大会进行不久，特务们就制造事端，引起骚动。趁部分群众惊恐之机，特务们冲上主席台，抢夺扩大器、板凳、桌椅，飞打会场，台上台下的特务们立即大打出手，致使郭沫若、李公朴等同志身负重伤。这就是国民党反动派制造的"较场口事件"。当时在场的育才学校师生与特务们搏斗，掩护郭沫若和李公朴先生离开会场，并把他们护送至医院。我回到育才办事处，不见行知回来，生怕他遭遇不幸。半小时后，他镇定地回到我们身边，同学们欢呼起来。他用简短而沉重的语气说："民主是需要血和用生命去争取才会到来的。"

无耻的反动派，他们在较场口制造了暴行后，却又卑鄙地控告陶行知，传他到法院去，诬告他指使育才学生行凶。他勇敢地站出来反驳他们这种颠倒黑白的无耻阴谋。从法院出来，他便赶去参加育才同学会的成立。他说："我们每一个人好像是一块石头，如果彼此凝固得很紧，便成为一座堤，水由堤上流下去，冲动了水轮，便可发电，产生热，产生光，产生力量；如果其中有一块石头凝结得不紧，别人便可以用它来击溃这整个的水堤。"

参加并领导上海的民主运动　4月11日，我们离开居留七年的重庆，飞往南京，于17日到了上海，住在吕班路一个三楼的亭子间里。他一面参加领导民主运动，一面计划着育才的复员。在短短的三个月里，他到处演讲，日夜投身于反内战争民主的运动里。

6月23日，上海北站十万群众，欢送人民代表赴南京请愿的时候，他也出席了。会场中有一个青年走到他跟前说："也许今天又要重演较场口事件，先生要小心些。"他沉着地说："那不是我们的事，重演不重演是政府的事，你来参加，难道不是预备挨打的吗？"会上，他站在主席台上发表沉痛的演讲，他说："八天的和平太短了，我们需要永久的和平；假装的民主太丑了，我们需要真正的民主！我们要用人民的力量，制止内战，争取永久的和平；我们要用人民的力量，反对独裁，争取真正的民主！"

7 月 15 日，惊闻昆明闻一多、李公朴被特务暗杀，并有消息报告，上海的特务把他列入即将暗害的黑名单内，这给他的刺激很大。我心里很焦急，但是挡不住他求和平争民主的行动。许多朋友也极为关心他的安全。记得有一次，陈家康同志到我们的住处忠告他："你的门前日夜有特务监视着，最好暂时不住这里，并提防无声手枪。"他说："国民党专横独霸已经有 20 年了，他们拥有全国的军队和警察，然而他们还要蛇蝎一样地向上爬，去盗窃那些进步的手无寸铁的评论者的生命。"他讲时声音里充满着愤怒和悲痛。他斩钉截铁地说："我等着第三枪。"

7 月 16 日，他写信给重庆育才学校的师生"……公朴去了，昨今两天有两方面的朋友向我报告不好的消息，如果消息确实，我会很快地结束我的生命。深信我的结束不会是育才和生活教育社之结束。我提议为民主死了一个，就要加紧感召一万个人来顶补，这样死了一百个就有一百万人，死了一千个就有一千万人，死了一万个就有一万万人，肯为民主牺牲，而中华民族才活得下去。我们现在第一要事是感召一万位民主战士来补偿李公朴先生之不可补偿之损失，只有这样才是真正的追悼。平时要以仁者不忧、智者不惑、勇者不惧、达者不恋的精神培养学生和我们自己。有事则以'富贵不能淫、贫贱不能移、威武不能屈、美人不能动'相勉励。"

没有料到，这封信竟成为他最后的遗书。

各方痛悼陶先生逝世　7 月 25 日，他在爱棠新村朋友的家里患了脑溢血而离开了人间。噩耗传出，多少亲友和学生失声痛哭，到他的跟前，向他告别。特别印象深刻的，是我们敬爱的周恩来同志和邓颖超大姐，得到消息以后立即前来。周恩来同志拉着他那还不十分僵硬的手，对他安慰着说："陶先生，放心去吧，你已经对得起民族、对得起人民，你的未了的事会由朋友们由你的后继者们坚持下去、开展下去的，你放心去吧。我立时就要到南京去了，我们必定要争全面的悠久的和平，实现民主来告慰你的。朋友们都得学习你的精神，尽瘁民主事业直到最后一息的。陶先生，你放心去吧。"（当时没有将周恩来同志向陶行知告别的情况摄影下来，我感到很遗憾。）

随后，毛泽东主席由延安寄来题字：

"痛悼伟大的人民教育家陶行知先生千古。"

他的遗体由 53 个人民团体于 1946 年 12 月 1 日安葬于南京晓庄劳山之下。当时董必武同志带着毛泽东、朱德、周恩来等具名的三个大花圈放在灵前，董老并亲自题五言律诗一首《哭陶行知先生》贴在灵柩上：

敬爱陶夫子，当今一圣人。

方圆中规矩，教育愈陶钧。

栋折吾将压，山催道未申。

此生安仰止，无复可归仁。

1980 年 4 月于南京

爸爸去世前后

方先生、马先生：

　　昨天下午生活教育社沪分社打了一个急电给您，您大概已收到了吧！爸爸是在昨天早晨八时半，患了脑溢血症，直至中午十二时半竟与我们不告而别了！当我们听到他的死讯后，除了感觉到万分悲恸外，我更应当继承他的遗志，继续他尚未完成的事业奋斗到底！以谋他的理想能早日实现，中国的人民能早日过着幸福的生活。

　　近来爸爸为着育才学校的东迁问题、社大复课问题、武训补习学校开办问题，还有卖字兴学、十年诗史等，忙得不得了！整天没有片刻休息，更加上李、闻二公的被刺，在精神上感到莫大的悲痛……

　　听说他是黑名单上的第三位，他已决意很勇敢地为民主而死，但是他总觉得他尚未完成的工作实在太多了，所以暂住在任宗德先生处，专心一志欲完成他那部十年诗史，和那些尚未完全兑现的"卖字兴学"工作，每当友人劝他休息时，他因为这几天宝贵的时间不能浪费，所以就不能接受他们的劝告，终于因工作过于辛苦而患脑溢血症去世了。

233

从 24 日的下午 1 时起，他足足写了五个钟头的字，在许士骐先生家中用毕晚餐后，应任先生之约赴任公馆夜宿，晚上与友人畅谈国事，毫无倦意，直至午夜后才入寝。25 日晨九时，任先生的仆人请他进早餐时，四处寻找都找不到，以为他外出了，直到后来打开厕所的门，才发现爸爸已不省人事的躺在地上，当即打电话告诉沈老。沈老偕其公子谦，即来任寓，经谦医师的诊断，始知爸爸患了脑溢血症，当即轻轻地将爸爸安置在床上，用冰袋治疗。

吴先生是 10 时才接到电话赶来，晓光 12 时半左右方由机场赶回。12 时半黄钟医生来看爸爸已经断气！周恩来先生本定于 26 日下午 4 时，乘机赴京与马帅会谈，并且事先已与各报记者约定在 12 时发表谈话，但因闻爸爸病危，急偕周夫人驱车赴任公馆与爸爸作最后一次见面，当他看到爸爸不能言语的时候，痛哭流涕，紧握着爸爸的手以作永别。周先生因爸爸病故，受的刺激过深，故与马帅之会谈改于 27 日举行。

爸爸在死前脉搏跳得还稳定，只稍跳得慢而已，直至 12 时半竟与我们永别了！他的死讯我直到下午 3 时才晓得，那时我正在考场中准备应考。我赶到任公馆时就急忙乘灵车送爸爸至徐家汇之上海殡仪馆。爸爸的治丧会是由民盟、民主建国会、育才、生活教育社、武训补习学校、大公出版社、生活书店等 15 个团体组成的，命名为陶行知先生治丧委员会，由沈老主持一切，生活书店经理与王造时先生都忙得不得了，杨卫玉、翦伯赞、章乃器、郭沫若等先生都来吊丧，郭先生在那儿足足待了一个下午，当馆方将爸爸清毒后，许士骐先生为爸爸将来制铜像以作永久纪念的准备，特为爸爸做了一个面模型与手模型。27 日大殓时已制好爸爸的石膏像与手像，并置于其灵前，后来又有许多画家来给他画遗像，吴先生因受刺激过深，痛苦异常。故应王务安先生之邀，夜宿彼寓中，我是在爸爸房中过夜的。

次日晨赴殡仪馆时，爸爸已被置于另一较美观之室内，各界吊丧者源源而来，有司徒美堂、施复亮、章乃器、翦伯赞、任宗德等先生，其中以翦先生痛哭得最厉害，下午各界来吊悼的人较上午更多，其中以马叙伦先生痛哭得最厉害。2时余爸爸已被置于灵位后，他穿的是他素来喜欢穿的青色学生装和青色大衣，并且还给他照了几张纪念照，其中有一张是吴先生、晓光哥与我站在父亲身旁的像，到4时才入殓。每位吊丧者都绕爸爸行一周并向他致最恭敬之告别礼，致祭时由沈老主祭，沫若先生陪祭，念祭文，郭先生称赞爸爸为今日之孙中山，祭文念毕，由中共代表团、国际工会、晓庄校友、育才、全国文协、木刻绘画、戏剧协会等数十团体致祭，至6时才祭毕。爸爸之灵柩，移置于一空气较通畅之室内寄留，等宏哥到后才能运往晓庄安葬。爸爸入棺材时吴先生曾献给他一首极动人的诗，当一位小姐朗诵时，大家都泪下，与爸爸同入棺的，除这首诗外，还有吴先生送给他的一支钢笔和几张纸头，但可惜得很，我们忘记把他平生写字的毛笔、砚台与墨一道入棺。以上就是我所知道关于爸爸去世前后的情形，爸爸这次大殓时，各界所送礼物（花圈挽联）很多。

爸爸是死了，可是他的事业必须继续发展下去，尤其是育才学校，所以据晓光哥的意思，是希望你们能派人来上海，与上海的朋友交换一下意见，上海的朋友们一定会帮忙的。

敬祝

健康！

陶诚上

1946年7月8日

临危不惧，生命不息

——忆念陶行知先生在上海的最后几个月

张文郁

1946 年 4 月，陶行知先生从重庆回到上海，7 月 25 日在上海逝世。在这短短的四个月中，陶行知忙于民盟的工作，忙于生活教育社的工作，忙于育才学校迁沪的筹划工作，忙于上海社会大学的筹备工作。当时，陶行知处在国民党特务挟持、杀机四伏的环境中。他临危不惧，顽强地投入反独裁、争民主、反内战、争和平的革命斗争；他竭力地宣传民主革命和民主教育，产生巨大的影响，做出不小的贡献。兹就我接触所及，写几个侧面，忆念陶行知先生。

陶行知与上海社会大学运动

1945 年春，陶行知和李公朴、史良等在重庆创办了社会大学，至1946 年底、1947 年初停办。陶行知回到上海以后，在上海重新筹办社会大学，得到了上海文化界和教育界的民主进步人士的支持。陶行知把筹办上海社会大学的任务，交托给生活教育社上海分社。1946年五六月间，生活教育社上海分社成立，陈鹤琴当选为理事长，我和余之介当选为副理事长。我们接受任务以后，着手筹办社会大学，但由于国民党上海市教育局的阻碍，工作进行得不顺利，不能正规开办。后来，我们就采取举办不定期的专题讲座的方式，吸收社员、中小学教师和社会青年参加听讲。1946年五六月间，曾借上海私立储能中学，私立大任小学等校的校舍，组织了几次讲演，郭沫若、吴晗、黄炎培、沈体兰等曾来作过几次专题讲演。陶行知自己也作过一次题为"民主教育"的专题讲演，他的讲演记录发表在上海《文汇报》的副刊《教育阵地》第二期（1946年5月25日）上。

1946年6月间，生活教育社上海分社社员已发展到200余人，社员和中小学教师强烈要求采取定期专题讲演的方式，开办社会大学。我们考虑到采用社会大学的名称，已经发生阻碍，如果再用这一名称，一定会遭到取缔，反而以后不好办，于是决定采用生活教育社社员暑期进修班的名称，作为社会大学的一个环节。这个决定，是得到陶行知的同意的。进修班定于7月中下旬开学，陶行知答应在开学时来主持，并作一次专题讲演。6月中下旬，上海人民反独裁争民主，反内战争和平的运动高涨，国民党反动派镇压人民民主革命运动的手段更加残酷。陶行知先生在一次谈话中谈到进修班开学主持人的问题时，他说必要时可以请陈鹤琴先生担任，并嘱我准备讲一讲《生活教育的理论问题》。在谈话中谈道："今天，教育者的第一任务在促进民主，扩大教育影响就是扩大民主运动的影响！生活教育的发展应归结到民主教育。"我答应着手准备，并说写好讲稿要请他看一看后再讲。

生活教育社上海分社社员暑期进修班决定在7月25日开学，开学式请陈鹤琴主持，陶行知也答应讲话。7月25日下午2时，进修班借用大任小学校舍开学，听讲者陆续到来。正在等待陶行知的到来，忽然传来了不幸的消息：陶行知先生已于今天中午患脑溢血症逝世了。这个消息犹如晴天霹雳，会场上顿时有号哭声。

社员暑期进修班仍按原定计划进行。在一次讲座上，我讲了一讲《生活教育本体论》。我隐忍着痛失导师的心情，把曾经同陶先生谈过未经陶先生看过的讲稿讲了。后来，讲稿在上海《文汇报》副刊《教育阵地》第25期上发表时，加了一个附记："适应时代需要，陶行知先生发起社会大学运动，生活教育社上海分社暑期进修班的创设，就作为社会大学的一环。7月25日进修班开幕的一天，陶先生却患脑溢血症逝世，六星期的讲习，永远成为陶先生所遗留的教育事业的纪念了。"（《教育阵地》第25期，1946年11月16日）

陶行知与上海《文汇报》副刊《教育阵地》

《教育阵地》是一个周刊，是上海《文汇报》副刊之一，由上海市中等教育研究会主办，从1946年5月18日创刊到1947年2月21日为止，总共出刊38期。负责编辑的是余之介和我两人，我们二人都是上海市中等教育研究会的负责人，也都是生活教育社上海分社的负责人。《教育阵地》创刊，得到陶行知的指导和支持。《教育阵地》的刊头是用陶行知亲笔题字制版的。陶行知在《教育阵地》上发表过两篇文章，两个亲笔题写制版的题词。

《民主教育》刊在第二期（1946年5月25日）。陶行知在文章中指出，民主教育的前提是："人民第一""天下为公"，并提出"教师要向学生学习”"向老百姓学习"。

《走向殖民地》刊在第 7 期（1946 年 6 月 30 日）。陶行知文章中，首先分析了当时中国的一串事实，"证明中国是走向殖民地"。陶行知接着指出："我们做教师的应该严重考虑，我们吃不饱、饿不死，抱着牺牲精神，为后一代服务，唯一的希望为要把千千万万的小孩子培养成为中国的小主人，并且要帮助全国的人民好学，使大家都变成中国真正的主人翁。倘若真正的主人翁和小主人没有培养成功之前，中国已经从五大强国之一沦为殖民地，大家连我们自己在内都变成奴隶和小奴隶，那我们便算是一生白费心血，整个失败，全军覆没。"陶行知的总结语是："追本推源，中国之所以走向这样严重的错误，还是因为反民主好战分子想借外援，以取得在内战中之优势，所以根本救国之道，还是要停止内战，实现民主。只有永远停止内战，真正实现民主，才能免于殖民地之厄运。"

《教育阵地》第 7 期上还刊有陶行知亲笔书写的题词：

> 民之所好好之，
> 民之所恶恶之；
> 教人民进步者，
> 拜人民为老师。

《教育阵地》第 11 期（1946 年 8 月 2 日），刊有陶行知先生最后遗墨：

学者有其校

> 研究人民的学问，
> 为人民的幸福而教导；

> 要达到文化为公，
>
> 学者有其校。

陶行知的文章和题词，发出洪亮的民主革命和民主教育的号角声，鼓舞人民的斗志。

陶行知先生逝世的次日，《教育阵地》第 10 期（1946 年 7 月 26 日）上刊发了我代表《教育阵地》社写的《哀悼陶行知先生》社论文章，文章开头用黑体字印出了陶行知谈过的一句话："今天，教育者的第一任务在促进民主运动，扩大教育的影响就是扩大民主运动的影响！"传达了人民教育家陶行知先生对广大教育者的遗嘱。在第 10 期上，《文汇报》还刊登了一个《本报启事》："陶行知先生不幸逝世，本社同人哀痛之余拟出特辑纪念，凡关于陶先生之学术思想研究，生平行述，皆所欢迎。尤希先生之友好故旧赐稿。稿寄本报转《教育阵地》社。"

《教育阵地》第 11 期是纪念陶行知的特辑，发表了郭沫若的《读陶行知的最后一封信》，许士骐的《痛悼陶行知先生》（诗），刊出了陶行知先生最后遗墨《学者有其校》，辉子写的《永远留在人间的声音》传达了陶先生讲的"生活教育创造史"，翁维章、胡同炳、程本海等的文章中，分别介绍了陶行知的教育遗产——育才学校、佘儿岗自动学校和晓庄学校新教育的精神。接着，在 12 期、13 期、14 期、16 期、17 期、18 期、19 期、21 期、22 期上，陆续发表了余之介、吴锦章、张文郁、沈体兰、吴涵真、江峰、陆静山等人十多篇纪念文章。

《教育阵地》第 23 期（1946 年 10 月 25 日）是配合陶行知先生追悼会发刊的，发表了余审之、方与严、张文郁、陈鹤琴、沈体兰、吴越等人写的纪念论文、追悼文章、挽歌。还有李桦的一幅木刻画：《陶行知先生遗容》。

此后，在 24 期、38 期上，还有章恒、丁十写的两篇悼念陶行知的文章。

陶行知献身民主革命，身教言传

陶行知回到上海以后，大部分时间和更多的精力放在民主革命运动上。陶先生献身民主革命，忘我地工作，生活艰苦，临危不惧，身教言传。

1946 年 6 月，上海人民的民主革命运动高涨，国民党反动派镇压上海人民革命运动的手段已很残酷。6 月 15 日上午，陶先生约我去谈话。陶先生谈话内容很广泛，谈到生活教育社的工作，谈到社会大学的工作，但主要的是谈民主革命运动。

检阅我现在还残存的半页日记，在日记上断断续续地记下陶先生的谈话。当谈到民主教育问题时，陶先生说："目下我们最主要的一件事是推行民主革命运动。政治不民主，什么都谈不到。我们推行教育运动应该把握这一点。我们同志为了我们的事业，应该打开大门，吸收广大人群。"

当谈到生活教育社工作时，我谈了谈在 1939 至 1941 年间，在筹建福建分社的经历。在筹建分社过程中，遭到国民党反动派的取缔和镇压，筹备分社的负责人刘琼瑶和我同时被捕，关押在福建省青年训导营（上饶集中营福建分营）达十个月之久。陶先生了解了这段经历后，慰勉我要再接再厉，并且说："你在陈鹤琴先生那边做事也好，目下政治不健全，难免有黑潮，借以得到一些庇佑。"陶先生还教导我，要"在工作中争取朋友"。

6月下旬初，国立幼稚师范专科学校第二届学生毕业。陈鹤琴先生邀请陶行知先生参加毕业典礼，并请陶先生授予毕业证书。陶先生应邀参加，授证和讲话，并参加了毕业生团体照的摄影。在休息时，陶先生问我："你同陈先生共事，情感关系怎么样？"我回答说："很好。"陶先生说："那就很好！"

陶先生的关怀和启发，使我感动，也鼓舞我向前进。

6月23日，上海人民推派人民代表去南京请愿，请愿延长和平谈判的时间，十万群众在上海北站举行欢送大会。陶行知在欢送大会上作讲演，他代表欢送群众发言，发出了人民群众的最强音：

八天的和平太短了，我们需要永久的和平！

假装的民主太丑了，我们需要真正的民主！

我们要用人民的力量，制止内战，争取永久的和平！

我们要用人民的力量，反对独裁，争取真正的民主！

当陶行知登上临时搭起来的讲坛时，混在人民群众中间的一小撮特务分子曾经有过一些骚扰，但很快被群众制止了。陶行知临危不惧的形象，慷慨激昂的声音，鼓舞了群众的斗志，使我深受教育，久久不能忘怀。

1946年7月中旬，李公朴、闻一多在昆明被国民党反动派特务暗杀，陶行知在上海也被特务分子追踪和监视，并有谋害的消息，处境异常险恶。陶行知在7月中旬从原住的重庆南路迁居到余庆路爱棠新村隐蔽。此后，我再没有见到陶先生了。

7月25日下午4时，我在上海殡仪馆看到了陶先生的遗容。10月27

日，在陶行知先生追悼大会上看到了陶先生庄严的遗影。陶行知追悼大会主席陈鹤琴，主祭沈钧儒。主席团成员有：郭沫若、翦伯赞、华岗、江问渔、朱经农、孔祥熙、李熙谋以及国际友人华莱士、文德敷等。郭沫若在致辞中说："陶先生是以德服人的，他给我们的印象是一个很完整的圣人姿态。他是知、情、理三方面很平衡发展的，他也可以说是一个真、美、善的完人。"沈钧儒在致辞中说："陶先生一天到晚想的是为大众谋幸福，绝不是为高楼大厦中的太太小姐老爷少爷们谋福利。中国的和平团结能否达到，须得陶先生的事业恢复起来，就有希望，我们大家应有一个陶先生在心里。"国际友人华莱士女士说："美国人对他的小先生制很崇拜，向一切人学习，而与世界上一切人都能非常接近。所以陶先生不仅属于中国的，而且属世界一切文化的。"在会上，孔祥熙、李熙谋也致辞，郭沫若、沈钧儒在致辞中，针锋相对，揭穿了他们的虚伪和伪善。陶行知先生追悼大会，是一个反独裁争民主、反内战争和平的大会，是教育人民、动员人民参加民主革命运动的大会。

陶行知先生音容宛在，生命不息！

1980 年 1 月于上海，同年 6 月修改

陶行知教育言论精选

先生归来兮

谈教育

今世界上有四种教育家：一、政客教育家，借教育以图政治上之活动；二、空想教育家，有空想而未能实行；三、经验教育家，以经验自居，不肯研究理论；四、科学教育家，则实用科学以办教育者。中国现在教育家只有政客、空想、经验三种，但教育以科学教育为最重要，故男女师范生当专心致志、抱定主义、以教育为专门职业，则何人不可几，何事不可为耶？

《师范生应有之观念》

教育是什么，教人变！教人变好的是好教育。教人变坏的是坏教育。活教育教人变活。死教育教人变死。不教人变、教人不变的不是教育。

《师范生的第一变——变个孙悟空》

我们深信一个国家的教育，无论在制度上、内容上、方法上不应当靠着稗贩和因袭，而应该准照那国家的需要和精神，去谋适合，谋创造。同时我们又认定这个国家，如果是现代的国家，如果是现代世界的一个国家，那么它的教育，便不能不顺应着时代和世界的教育趋势，而随伴着竞进。这个趋势是什么呢？简单地说，便是现代国家的教育，要本着民治的精神、科学的态度，去建设它的制度，分析和估定它的内容，发明和实验它的方法，而考核它的效果。怎样在具体的问题中可以显示这种理想，并且企图使它的实现，这就是我们在言论上的一个共同目的了。

《〈新教育评论〉创刊缘起》

教人要从小教起。幼儿比如幼苗，必须培养得宜，方能发荣滋长。否则幼年受了损伤，即不夭折，也难成才。所以小学教育是建国之根本；幼稚教育尤为根本之根本。

《如何使幼稚教育普及》

中国向来所办的教育，完全走错了路：他教人离开乡下向城里跑，他教人吃饭不种稻，穿衣不种棉，盖房子不造林。他教人羡繁华，看不起务农。他教人有荒田不知开垦，有荒山不知造林。他教人分利不生利。他教人忍受土匪、土棍、土老虎的侵害而不能自卫，遇了水旱虫害而不知预防。他教农夫的子弟变成书呆子。他教富的变穷，穷的格外穷；强的变弱，弱的格外弱。像这种教育，大家还高唱着教育普及，真是痴人说梦。其实这种教育决不能普及，也不应该普及。前面是万丈悬崖，同志们务须把马勒住，另找生路。生路是什么？就是建设适合乡村实际生活的活教育！

《中国乡村教育之根本改造》

我国教育上的最大缺点，即为侈谈主义，竞尚欧化美化，而不注重实际的"应用"与实际的"做"。教者留声机似的教，学者木偶似的学，机械似的混过几年，学者便算毕业，教者便算了事。教育与社会不求配合，学校所教，社会不得其用。因之学生一离开死的学校踏入活的社会，便茫然无所措手足，一无所能。大学如是，中学如是，即小学亦如是。教育者尽管办教育，而知识依旧低落，人民依旧无知无能。教育的成绩，只是养成一些博士学士，政客官僚的候补者，充其量亦不过养成一般记定理背死书的书痴。如此教育，哪能望其提高文明，哪能望其养成健全的国民，哪能望其推进我国家与民族臻于强盛繁荣之境域呢？

《敬告中小学教师》

夫使教育家重其所事，重其所负之责，处处为学生着想，为民族与社会着想，时时作自我之批评，时时接受环境与事实之教训，则教育上之一切设施，自皆能有确定之目的，事先之计划，教育之效能，自亦克应时代之要求而增高。

《今后教育上基本问题之讨论》

平民教育的目的，是要叫十二岁以上的人，个个读书做好国民。假定中国有四万万人，十二岁以下的儿童约有一万万二千万；七岁至十二岁的儿童约六千万，算是义务教育的问题。平民教育的责任，就是叫其余的二万万八千万人，能够领受相当的教育。这些当中，据我们估计，有八千万人是识字的，余下来的二万万是不识字的。我们平民教育第一步的问题是：如何叫不识字的会读书，会读书的常读书；同时叫他们得些做人做国民的精神。

《全国平民教育之现状》

活的人才教育，不是灌输知识，而是将开发文化宝库的钥匙，尽我们知道的交给学生。文化钥匙主要的四把：即国文、数学、外国文、科学方法。

《育才两周岁前夜》

"生活即教育"，是叫教育从书本的到人生的，从狭隘的到广阔的，从字面的到手脑相长的，从耳目的到身心全顾的。

《生活即教育——答操震球问》

谈教学

职业教育既以养成生利人物为其主要之目的，则其直接教投职业之师资，自必以能生利之人为限。盖己立而后能立人，己达而后能达人，天下未有无生利经验之人而能教育人生利者。

《生利主义之职业教育》

做新教员的要有共和精神。就是不可摆出做官的态度，事事要和学生同甘苦，要和学生表同情，参与到学生里面去，指导他们。

《新教育》

我们从事乡村教育的同志，要把我们整个的心献给我们三万万四千万的农民。我们要向着农民"烧心香"。我们心里要充满那农民的甘苦。我们要常常念着农民的痛苦，常常念着他们所想得的幸福，我们必须有一个"农民甘苦化的心"才配为农民服务，才配担负改造乡村生活的新使命。

《我们的信条》

我们深信如果全国教师对于儿童教育都有"鞠躬尽瘁死而后已"的决心，必能为我们民族创造一个伟大的新生命。

《我们的信条》

我们的新使命，是要征集一百万个同志，创设一百万所学校，改造一百万个乡村。

《中国乡村教育之根本改造》

大凡小学教员，没有改造社会的精神，便是很枯燥无味的。乡村教师与未来的乡村教师，心里都应当有一个"理想的社会"。比方这里定山已是一个社会，我们要把这个原有社会的恶习惯、坏事情统统把它革除，把我们心中理想的新社会实现出来。虽然时间不许我立刻完全成功，但是我们干一段去了，可以把未完工作交给第二届同学，以至于第三届、第四届、第十届……同学去干。不过这里建设好了，对于你们将来出去做教员有什么关系呢？因为"以一知万"或"一隅三反"——定山会改造了，别处也就可以推想了。

《湘湖教学做讨论会记》

捧着一颗心来，不带半根草去。你们抱着这种精神去教导小朋友，总是不会错的。

《捧着一颗心来，不带半根草去——致李友梅、蓝九盛等》

现任教育者，无不视当教员为苦途，以其无名无利也；殊不知其在经济上固甚苦，而实有无限之乐含在其中。愚蒙者，我得而智慧之；幼小者，我得而长大之；目视后进骎骎日上，皆我所造就者。其乐为何如耶！故办教育者之快乐，当在手续上，而不在其结果之代价。换言之，即视教育为游戏的作业、作业的游戏也。至于芳碌动作，以求结果之代价者，则宜摒弃于教育界外。

《师范生应有之观念》

教师得人，则学校活；学校活，则社会活。倘使有活的教师，各办一所活的小学，作为改造各个乡村的中心，再以师范学校总其成，继续不断地领导各校各村前进，不出十年，必著成效。依我的愚见看来，这是地方教育根本之谋，也是改造乡村根本之谋。

《地方教育与乡村改造》

在共同生活中，教师必须力求长进。好的学生在学问和修养上，每每欢喜和教师赛跑。后生可畏，正是此意。我们极愿意学生能有一天跑在我们前头，这是我们对于后辈应有之希望。学术的进化在此。但我们确不能懈怠，不能放松，定要鞭策自己努力跑在学生前头引导学生，这是我们应有的责任。师道之可敬在此。所以我们要一面教，一面学。我们要虚心尽量接受选择与本职本科及修养有关系之学术经验来帮助我们研究。要教学生向前进，向上进，非自己努力向前进向上进不可。

《南京安徽公学办学旨趣》

谈读书

读书好，读书好，农人读书收成好。

读书好，读书好，工人读书手艺好。

读书好，读书好，商人读书生意好。

读书好，读书好，军人读书把国保。

少年不读书，一世苦到老！

《读书好》

我的主张是：有书读的要做事，有事做的要读书。先生不应该专教书，他的责任是教人做人。学生不应当专读书，他的责任是学习人生之道。我要你们做有知识、有实力、有责任心的国民，不要你们做书呆子。

《晓庄开学勉励桃红——致陶宏》

我们应当明白，书只是一种工具，和锯子、锄头是一样的性质，都是给人用的。我们与其说"读书"，不如说"用书"。书里有真知识和伪知识，读它一辈子，不能辨别它的真伪；可是用它一下，书的本来面目便显了出来，真的便用得出去，伪的便用不出去，也如同真的锯子才能锯木头，真的锄头才能锄泥土，假的锯子、锄头一用到木头泥土上去就知道它不行了。

《"伪知识"阶级》

书是三百六十行的公物，不是读书人所能据为私有的。

《"伪知识"阶级》

书呆子就是读书没有目的的人。我平时尽力劝人不要做书呆子。书是一种工具，只能用，不可读。比如筷子是吃饭的工具，假使我们对于筷子，不晓得拿来用，却对着它"筷子，筷子"的念，那不是筷呆子吗？

《湖湘教学做讨论会记》

遇到一本书我们必须问："你能帮助我把这件事做得好些吗？你能帮助我过一过更丰富的生活吗？"我们用书，有时要读，有时要讲，有时要听，有时要看；但是读、讲、听、看都有一贯的目的，这目的便是它们对于"用"的贡献。

《教学做合一下之教科书》

人和禽兽最大的分别，就在：人能读书写字，禽兽不能读书写字。人类因为能够读书写字，所以虽离开几千几万里的地方，可以彼此通消息，虽远隔几千年前或几万年后的时间，可以使思想经验不断的流传影响，而演进世界的文明。这种特别的处所，便是"人之所以为人"。若不能读书写字，便非完全的人，简直和禽兽无甚区别！

《平民教育之重要与办法》

一本书之好坏，可以拿下列三种标准判断它：

一、我们要看这本书有没有引导人动作的力量，有没有引导人干了一个动作又干一个动作的力量。

二、我们要看这本书有没有引导人思想的力量，有没有引导人想了又想的力量。

三、我们要看这本书有没有引导人产生新价值的力量，有没有引导人产生新益求新的价值的力量。

《怎样选书》

中国教育所以弄到山穷水尽，没得路走，是因为大家专靠文字书本做唯一无二的工具，并且把文字书本这个工具用错了。我们要想纠正中国教育，使它适应于中国国民全部生活之需要，第一就须承认文字书本只是人生工具的一种，此外还有许多工具要运用来透达人生之欲望；第二就须承认我们从前运用文字书本的方法是错的，以后要把它们用得更加得当些。

《生活工具主义之教育》

我们的希望是：一国之中，家家看报；一家之中，人人看报。这个希望，必须大家提倡，才能达到。

《对于〈申报〉读者的请求》

谈社会

社会之大任即为济弱扶倾，而教其不肖，社会一而已矣。强忽弱，则强者亦弱；强扶弱，则强者愈强。

《共和精义》

在教育的立场上说，我们所负的使命：一教民造富；二是教民均富；三是教民用富；四是教民知富；五是教民拿民权以遂民生而保民族。……

我们要教人民造富的社会，不造富的个人。

《晓庄三岁敬告同志书》

奋斗才是建设廉洁政府之康庄大道。我们要律己不苟，律下不苟，律上不苟，方能创造出一个廉洁的社会。

《一张空前的广告》

依我看来，中华民族应该同时受六大训练才能渡过难关。这六大训练是：

一、普遍的军事训练，使人人成为保国的健儿；

二、普遍的生产训练，使人人成为造富的工人；

三、普遍的科学训练，使人人能在劳力上劳心；

四、普遍的识字训练，使人人获得传达思想的符号；

五、普遍的民权训练，使人人成为中华民族的主人；

六、普遍的生育训练，使人人到了生育年龄可以生得少，生得好，以再造未来更优良的民族。

《古庙敲钟录》

民族解放与大众解放是一个不可分解的运动。如果大众不起来，民族解放运动决不会成功；但是如果不拼命争取民族解放，中国大众自己也难得到解放。所以大众教育只有一门大功课，这门大功课便是争取中华民族大众之解放。若只教大众关起门来认字读书，那是逃避现实的逃走教育而不是真正的大众教育。

《中国大众教育概论》

乡下阿斗没有出头之先，我们休想出头。乡下阿斗没有享福之先，我们休想享福。我们若是赶在农人前面去出头享福，只此一念，便是变相的土豪劣绅。与农人同甘苦，共休戚，才能得到光明，探出生路。

《晓庄三岁敬告同志书》

"吃得苦中苦，方为人上人。"公平的世界里只有人中人，不该有"人上人"和"人下人"。

《怎样做小先生》

学校是为社会设立的。学校而没有改造社会的能力，简直可以关门。现在社会要改造的地方很多，我们改良社会的法子无穷。

《平民教育下乡——答金鸣岐先生的信》

故灾害相恤，疾病相扶持，爱敬相交代，以日趋于进化，系社会唯一之天职，绝不容稍有放弃。个人为社会而生，社会为个人而立，实共和主义之两元也。

《共和精义》

从事社会改造的人，要远处着眼，近处着手。……我以为要在我们自己机关以外服务社会，最好是我们的最近环境着手，逐渐的推广出去。……如果我们对于一件事肯得专心继续的努力去干，一定有解决的希望。一个时候一个地方干一件事，是社会改造的不二法门。

《社会改造之出发点》

谈道德

道德是做人的根本。根本一坏，纵然使你有一些学术和本领，也无甚用处。否则，没有道德的人，学问和本领愈大，就能为非作恶愈大，所以我在不久之前，就提出"人格防"来，要我们大家"建筑人格长城"。建筑人格长城的基础，就是道德。

《每天四问》

私德不讲究的人，每每就是成为妨害公德的人，所以一个人私德更是要紧，私德更是公德的根本。私德最重要的是"廉洁"，一切坏心术坏行为，都由不廉洁而起。所以我在讲"建筑人格长城"的时候，提到了杨震的"四知"，甘地的漏夜"还金"，华盛顿的勇敢承认错误，和冯焕章先生所讲的平老静"还金镯"的故事，这些，都是我们大家私德上的好榜样。我们每一个人都可以效法这些榜样，把自己的私德建立起来，建筑起"人格长城"来。

《每天四问》

所谓健全人格须包括：一、私德为立身之本，公德为服务社会国家之本。二、人生所必需之知识技能。三、强健活泼之体格。四、优美和乐之感情。

《1919 年教育调查会：教育宗旨研究案》

闻之"道德为本，智勇为用"。欲载岳岳千仞之气概，必先具谡谡松风之德操；欲运落落雪鹤之精神，必先养皑皑冰雪之心志。德也者，所以使吾人身体揆于中道，知识不致偏倚者也。身体揆于正道，而后乃能行其学识，以造人我之幸福；学识不致偏倚，而后乃能指挥身体，以负天降之大任。道德不立，智勇乃乖。

《为考试事敬告全国学子》

修身伦理一类的学问，最应注意的，在乎实行；但是现今学校中所通行的修身伦理，很少实行的机会；即或有之，亦不过练习仪式而已。所以嘴里讲道德，耳朵听道德，而所行所为却不能合乎道德的标准，无形无影当中，把道德与行为分而为二。若想除去这种弊端，非给学生种种机会，练习道德的行为不可。

《学生自治问题之研究》

大德不能小于"天下为公"。人民是我们的亲人，我们是人民的亲人，是必须亲近，打成一片，并肩作战。

《从五周年看五十周年》

《大学》说："大学之道，在明明德，在新民，在止于至善。"我们想说得更清楚些："大学之道：在明民德，在亲民，在止于人民幸福。"

《从五周年看五十周年》

真正的训育是品格修养之指导。我们要在"事"上去指导学生修养他们的品格。事应当怎样做，学生就应当怎样修养，先生就应当怎样指导。各种事有各种做法，指导修养之法也跟它不同。同是一事，处不同之地，当不同之时，遇不同之人，那做的方法，及指导修养的方法也就不能尽同了。

《南京中等学校训育研究会》

成年人、青年、小孩子都该在一个道德标准下生活。双层标准、三层标准只是恕道不足的结果。青年不可以假借自由之美名去过放荡的生活；教师、家长也不可假借放荡之罪名去剥削青年小孩子生长所必需之自由。

《一个教师与家长的答复——出头处要自由》

我们别把钱看得太大了，因为钱之上还有比钱大的大事；也别把钱看得太小了，因为钱是要用来做大事的。

《克虏伯之金钱观》

谈生活

我们真正指南针只是实际生活。实际生活向我们供给无穷的问题，要求不断解决。我们朝着实际生活走，大致不至于迷路。

《实际生活是我们的指南针》

生活教育是运用生活的力量来改造生活，他要运用有目的有计划的生活来改造无目的无计划的生活。

《晓庄三岁敬告同志书》

生活决定教育。教育要通过自觉的生活才能踏进更高的境界，通过自觉的集体生活的教育更能发挥伟大的力量以从事于集体之创造。

《生活教育运动十三周年纪念告同志》

人的生活，必须有相当工具，才能表现出来。工具充分，才能充分地表现；工具优美，才有优美地表现；工具伟大，才有伟大地表现。

《生活工具主义之教育》

生活即教育，是生活便是教育；不是生活便不是教育。分开来说，过什么生活便是受什么教育：过康健的生活便是受康健的教育；过科学的生活便是受科学的教育；过劳动的生活便是受劳动的教育；过艺术的生活便是受艺术的教育；过社会革命的生活便是受社会革命的教育。

《教学做合一下之教科书》

生活与教育是一个东西，不是两个东西。在生活教育的观点看来，它们是一个现象的两个名称，好比一个人的小名与学名。先生用学名喊他，妈妈用小名喊他，毕竟他是他，不是她。生活即教育，是生活便是教育；不是生活便不是教育。

《教学做合一下之教科书》

生活与生活的摩擦才能起教育的作用。我们把自己放在社会的生活里，即社会的磁力线里转动，便能通出教育的电流，射出光，放出热，发出力。

《普及现代生活教育之路》

知与行

阳明先生说："知是行之始；行是知之成。"我以为不对。应该是"行是知之始；知是行之成。"

《行是知之始》

我们必须以个人的经验来吸收人类全体的经验。孔子说："举一隅，不以三隅反，则不复也。"荀子说："以一知万。"无论他是一隅三反，或是以一知万，那个"一"必定是安根在自己的经验里。自己经验里的"一"是一切知识的起点。有了这个"一"，才能收"三反""知万"之效。

《答朱端琰之问》

我们所提出的是"行是知之始，知是行之成"。行动是老子，知识是儿子，创造是孙子。有行动之勇敢，才有真知的收获。

《教育的新生》

行动生困难；困难生疑问；疑问生假设；假设生试验；试验生断语；断语又生了行动，如此演进于无穷。懒得动手去做，哪里会有正确的思想产生，又何能算是科学生活？

《思想的母亲》

真知识是思想与行为结合而产生的知识；真知识是安根在经验里的。从经验里发芽长叶开花结实的是真知灼见。

《湖湘教学做讨论会记》

大丈夫当学马援，为国为民，马革裹尸，而不要埋首寒窗，不闻世事。

做人与做事

自立不是孤高，不是自扫门前雪。我们不但是一个人并且是一个人中人。人与人的关系是建筑在互助的友谊上，凡是同志，都是朋友，便是互助。倘不互助，就不是朋友，便不是同志。

《晓庄三岁敬告同志书》

我们不但是物质环境当中的人，并且是人中人。做人中人的道理很多，最要紧的是要有"富贵不能淫，贫贱不能移，威武不能屈"的精神。这种精神，必须有独立的意志，独立的思想，独立的生计和耐劳的筋骨，耐饿的体肤，耐困乏的身体，去做那摇不动的基础。

《南京安徽公学创学旨趣》

人生为一大事来，做一件大事去。……本来事业并无大小：大事小做，大事变成小事；小事大做，则小事变成大事。小人居高位如在厅里挂画像，挂的愈高，愈见其小。

《介绍一件大事——给大学生的一封信》

我希望诸君至少要做一个人；至多也只做一个人，一个整个的人。做一个整个的人，有三种要素：

一、要有健康的身体——身体好，我们可以在物质的环境里站个稳固。诸君，要做一个八十岁的青年，可以担负很重的责任，别做一个十八岁的老翁。

二、要有独立的思想——要能虚心，要思想透彻，有判断是非的能力。

　　三、要有独立的职业——要有独立的职业，为的是要生利，生利的人，自然可以得到社会的报酬。

《学做一个人》

破即补。污即洗。劳即谦。乱即理。债即还。病即医。过即改。善即喜。行即思。倦即息。信即复。账即记。

《即铭（一）》

　　我觉得中学生有一个大问题，即是"择业问题"。我以为择业时要根据个人的才干和兴趣。做事要有快乐，所以我们要根据个人的兴趣来择业。但是我们若要做事成功，我们必须有那样的才干。

　　我曾作了一首白话诗，说人要有独立的职业：

　　滴自己的汗，吃自己的饭。

　　自己的事，自己干。

　　靠人、靠天、靠祖先，都不算好汉。

《学做一个人》

　　我们在社会上做事，就是预备碰钉子。碰钉子的时候有两个法子解决：第一是硬起头皮来碰，假使钉是铁做的，我们的头皮就要硬到钢一样，叫铁钉一碰到钢做头皮上就弯了起来；第二是要把我们的热心架起火来，把钉子烧化掉。

《预备钢头碰钉子——给吴立邦小朋友的信》

在平时办学，一帆风顺，人人能办。在艰难困苦中不动摇而向前创造，才为难能可贵。奋斗是万物之父……

《奋斗是万事之父——致马侣贤》

我以为，人世幸福是要用代价换来的。要一分权利，必须出一分代价。出代价而不享受权利固可谓清高，若享权利而不出代价心岂能安？

《教会学校与私立学校——致杨继宗》

大丈夫不能舍身试验室，亦当埋骨边疆尘，岂宜随便过去！

《第一流的教育家》

陶行知先生生平简介

1891 年

10 月 18 日（农历九月十六日），生于安徽省歙县西乡黄潭源村，名文浚，家境清贫。父亲原经管酱园，破产后务农。母亲是一个慈祥勤俭的农村妇女。

1897 年　6 岁

由旸村蒙童馆老师方秀才免费收为弟子，曾在三刻钟内熟读背诵四十三行《左传》，在学习上显露惊人的聪明。

1906 年　15 岁

因歙县"崇一学堂"英籍校长唐俊贤爱其聪明勤劳，准予免费入该学堂读书。

1908 年　17 岁

学习成绩优异，提前一年毕业于"崇一学堂"。

1909 年　18 岁

春，到杭州考入"广济医学堂"。半年后，因该学堂公开或视不信教的学生，愤而退学。离杭后一时未找到出路，暂居苏州表兄家，生活贫困，靠典当衣物度日。

1910 年　19 岁

考入南京金陵大学文学系。在学习中，受明代哲学家王阳明"知行合一"学说而影响，改名"知行"。

1911 年　20 岁

武昌爆发辛亥革命。

在金大主编《金陵光》学报，组织爱国演讲，举办爱国募捐，热心宣传民族、民主革命思想。

1913 年　22 岁

提前一年并以第一名毕业于金陵大学。

全家从歙县搬到南京定居。与汪纯宜结婚。

1914 年　23 岁

冬，借资去美国留学。在海轮上，创作了生平第一首诗《海风歌》，歌颂科学文明，表达了对受剥削、受压迫的工人大众的深切同情。

到美国后，入"伊利诺大学"，攻读市政。

1915 年　24 岁

冬，转入"哥伦比亚大学"，研究教育，为美国著名教育家杜威所器重。在这时，确立了献身教育事业的志愿。

1917 年　26 岁

得"政治硕士""教育学监"两个学位。

秋，回国，应南京高等师范学堂之聘任教授，不久兼任教务长。

1918 年　27 岁

提出用"教学法"代替传统的"教授法"，遭到保守势力的反对。

发表《生利主义之职业教育》一文，提出"职业教育应以生利为主义"。

1919 年　28 岁

发表《试验主义与新教育》《教学合一》等论文，批判传统教育，提倡教育改革。

五四运动后，在南京高等师范学堂把全校的"教授法"改为"教学法"。

5 月，陪同杜威到南京、上海讲学。

1920 年　29 岁

担任"中华教育改进社"总干事，在《新教育》等杂志上接连发表改进教育论文。

夏，在南京高等师范学堂举办第一次暑期学校，发动留校学生走向社会，教平民识字。

1921 年 30 岁

南京高等师范学堂改组为东南大学，任教育系主任。

协同美国来华考察的教育家孟禄组织教育调查团，考察和了解了北京、天津、上海等地的教育情况。

1923 年 32 岁

全家搬到北京居住。辞去东南大学系主任职务，任北京中华教育改进社主任干事。

与朱其慧、晏阳初、朱经农等发起成立"中华平民教育促进会"，编写《平民千字课本》。到南京、安庆、南昌等地推进"平民教育运动"。

秋，创办南京安徽公学。

1924 年 33 岁

在北京开设了一百多个平民读书处。到张家口、开封、上海等地继续推进平民教育运动。

编辑出版《平民周刊》。改编《平民千字课本》。

1926 年 35 岁

在中华教育改进社年会上发表全国乡村教育改造的宣言书，研究并制订了全国乡村教育运动计划。

年底，与赵叔愚共同筹办"试验乡村师范学校"，地点选在南京北郊劳山脚下的晓庄。

1927年　36岁

3月15日，南京试验乡村师范（即晓庄师范）正式开学，第一批学生十三人。

6月，亲自参加晓庄师范的建校劳动。开办晓庄小学、乡村医院。

在晓庄每天的"寅会"上发表演讲，逐步阐述"生活即教育""社会即学校""教学做合一"等理论。

1928年　37岁

出版《中国教育改造》一书。

派出师范生到附近农村办中心小学，并开办了幼稚园、民众夜校、中心茶园、救火会等。晓庄师范改名为"晓庄学校"。晓庄周年纪念时，农民送了"爱我农村""新我农村"的匾额。

夏，蔡元培和冯玉祥先后到晓庄参观。10月，组织"联村自卫团"。

1929年　38岁

出版《知行书信》。

组织"晓庄剧社"，编写《乡姑的烦恼》《爱的命令》《死要赌》等独幕剧。在田汉的《苏州夜话》《生之意愿》等剧中扮演角色，并带领剧团赴苏、杭等地演出。

创办新安小学。

冬，接受圣约翰大学科学博士学位。

1930年　39岁

春，支持晓庄各中心小学师生200余人的栖霞旅游斗争。

4月，同情和支持晓庄师生参加全市学生示威游行。

晓庄师范被反动派封闭，起草和发表《护校宣言》。晓庄师生受到迫害。

遭反动当局通缉，被迫逃亡日本。

1931 年　40 岁

春，回国，匿居上海。为"商务印书馆"译书，办《儿童生活》半月刊和《师范生》杂志。

创办"自然学园"，提倡科学下嫁运动。主编儿童科学丛书近百种。

9 月开始，在《申报》"自由谈"专栏以"不除庭草斋夫"笔名连续发表文章，多为抨击国民党反动统治并主张抗日的政治性杂文。

晓庄"儿童自动学校"成立。

1932 年　41 岁

组织"生活教育社"，主编《生活教育》半月刊。

在上海创办"山海工学团""晨更工学团"等，开始推进"普及教育运动"。

创办"儿童科学通讯学校"，有一百多名儿童参加。

"新安旅行团"到沪。

编辑《晓庄丛书》《乡村教育丛书》等。

1933 年　42 岁

组织"中国普及教育助成会"，提倡"即起即传"原则，进一步推进普及教育运动。在工厂区建立工人夜校和识字班，在无锡、南京等市郊农村发展"工学团"。

编辑"山海工学团丛书"，出版《古庙敲钟录》。陶母病故。

1934 年　43 岁

提倡"小先生制"。4 月，在山海工学团举行"小先生"总动员大会，"小先生制"迅速推广到全国各地。

从多年的实践认识到"行是知之始，知是行之成"的道理，毅然改名为"行知"。

1935 年　44 岁

发表《普及现代生活教育之路》及其方案，指出普及教育不能靠老法子，必须攻破"先生关""娘子关"等 27 关，充分发挥"小先生"的作用，才能实现普及教育的任务。为普及教育编写的课本《老少通千字课》（共四册）出版。

参加创立"中国新文字研究会"，起草中国新文字宣言。

"新安旅行团"第二次出发，赴全国各地宣传抗日救国。

"一二·九"运动爆发。与沈钧儒、邹韬奋、章乃器等发起成立"上海文化界救国会"。

1936 年　45 岁

2 月，组织"国难教育社"，提倡"国难教育运动"。

4 月，在广西讲学。妻汪纯宜久病去世。

6 月，与宋庆龄、何香凝、沈钧儒、邹韬奋等联名发起成立"全国各界救国联合会"，突破了"左倾关门主义"，打开了抗日救亡的新局面。

7 月，与沈钧儒、邹韬奋、章乃器等联名发表《团结御侮宣言》。毛泽东同志以《论团结御侮——复沈、章、陶、邹等》的信，响应他们的呼吁。

同月，受全国各界救国会之命，担任国民外交使节，出发北欧美等38国，宣传中国人民抗日救国的正义主张。

8月，在英国出席世界新教育会议。

9月，在法国参加全欧华侨抗日救国联合会成立大会，即席创作并朗诵《中华民族大团结》一诗。

10月30日，在伦敦拜谒马克思墓，写诗赞颂这位伟人"光明照万世，宏论醒天下"。

11月，国内发生救国会《七君子之狱》。陶本人再次遭通缉。

1937年　46岁

"七七"事变，抗战爆发，"七君子"获释。国内"战时教育运动"开始，出版《战时教育》。

在美国大声疾呼反对美军火商运军火给日本侵华，得到美国人民的同情和支持。码头工人罢工拒绝运军火。

与美国洗衣工会取得联系，将宣传卡片和小册子放入洗好的衣服口袋里，广为宣传。

与旅美华侨的"洪门"联系，发动华侨献金救国。并促使美国和墨西哥的"洪门"华侨消除隔阂，联合起来，成立洪门总门，负责国外联络和团结华侨抗日救国。

1938年　47岁

2月，与中共代表吴玉章同志一起出席伦敦"世界反侵略大会"，并再次同谒马克思墓。

在印度时，应甘地之约，写关于中国大众教育的文章，介绍中国的"小先生运动"。

9月，出访28国后回国抵香港时，发表回国三愿：一是创办"晓庄学院"，二是创办一所"难童学校"，三是在港创办"中华业余补习学校"。

在桂林举行"生活教育社"正式成立大会，被选为理事长。

创立"中国战时教育协会"，起草战时教育方案。

11月，"中华业余补习学校"在港成立。

冬，任"国民参政会"第一届参政员，提出《推行普及教育案》。

1939年　48岁

7月20日"育才学校"在重庆北碚北温泉开学，后迁至合川草街子古圣寺正式上课。学生百余人，分音乐、戏剧、绘画、文学、自然、社会六个组。

成立"晓庄研究所"，并开始研究活动。

12月30日，与吴树琴结婚，住一旧碉堡内，生活简补。

1940年　49岁

9月，周恩来、邓颖超同志参观育才学校，并捐款四百元，为小孩们购买运动器具之用。

冬，带领育才音乐组师生到重庆举行儿童音乐会，邀请周恩来、叶剑英、邓颖超等同志及冯玉祥先生到会指导。周恩来同志为音乐组题词："为新中国培养新的音乐人才。"

12月23日，连任国民参政会第二届参政员。

1941 年　50 岁

国民党反动派制造"皖南事变",又一次掀起反共高潮。政治黑暗,物价飞涨,育才学校面临严重困难,甚至有断炊之虞。

4 月,提出"跟武训学"的口号,要求大家做"集体的武训",艰苦办学。还定 4 月 6 日为"育才兴学节"。

9 月,提出建立"有才幼年研究生"办法,将育才的学习风气推向一个新高峰,并取得一些新的研究成果。

为筹措育才学校经费,节衣缩食,辛苦奔波,甚至"卖字兴学",过着极其艰苦的生活。

1942 年　51 岁

7 月,在育才学校三周年纪念会上发表《每天四问》的重要演讲,同时发表《育才三周年祭同志文》,悼念为育才牺牲的同志,召号全校师生立下大志,精诚团结,克服困难,不断创造。

送王智等同学第一批去延安。

1943 年　52 岁

"生活教育社"改选,连任理事长。

中共中央驻渝办事处徐冰同志送给育才学校一套南泥湾大生产的照片。在延安大生产运动的影响下,育才师生组成垦荒大军,垦地 30 亩,建立了育才第一个农场。周恩来同志送来一件延安织制的毛线衣,并捐赠岳母坟地 20 亩给育才种植经济作物。

10 月,写了《创造宣言》,给师生莫大鼓舞,当代《新华日报》发表了这个宣言。

1944 年　53 岁

9 月，带领舞蹈组师生到《新华日报》社学习延安秧歌舞《兄妹开荒》等，并亲自编了《朱大嫂送鸡蛋》秧歌舞歌词。

冬，育才戏剧组公演了两台自编自导的方言话剧《不太平》和《喇略办》，在北碚、重庆轰动一时，起到了团结人民、打击敌人的作用。

1945 年　54 岁

参加建立"中国民主同盟"，被选为"民盟"中央常务委员、兼任教育委员会主任委员。主持、发行《民主教育》月刊和《民主》周刊，积极致力于和平、团结、民主运动。

育才学校六周年，美国"援华联合会"赠送大批图书给育才学校。

9 月，毛泽东主席赴重庆谈判，陶先生几次见到毛主席，亲聆教诲。后又到机场欢送毛主席回延安，并在机场合影留念。

12 月 9 日，参加重庆各界在长安寺举行的追悼昆明死难烈士大会，临行前写下遗嘱，准备"遇险"牺牲，表现了大无畏的英雄气概。

1946 年　55 岁

创办"社会大学"。

2 月，重庆各界数万人在较场口集会，陶先生任主席团成员，反动派制造了"较场口惨案"。陶先生带领育才学校师生上街示威游行，抗议反动派的血腥暴行。

4 月，为育才迁校，赴上海筹划。途经南京时，到梅园新村看望周恩来同志。

抵沪后，在三个月里作了百余次演讲，充分表达了广大人民反内战、反独裁、要民主、要和平的意志。

6月23日，在上海十万群众欢送赴京请愿代表大会上发表演讲，再一次严厉斥责反动派搞假和平、真内战的阴谋。

7月，民主战士李公朴、闻一多先后被国民党特务暗杀，陶先生悲愤异常！面对敌人的威胁，无私无畏，视死如归。

7月16日，他写了给育才学校同学的最后一封信。

7月21日，写下了最后一首诗《祭邹韬奋先生文》。

7月24日，连夜整理十万字诗稿。

7月25日凌晨，突发脑溢血症，中午十二时三十分在上海逝世。